Harriet Beecher-Stowe

Erinnerungen an Deutschland

Harriet Beecher-Stowe

Erinnerungen an Deutschland

EIN HEITERER REISEBERICHT AUS DEM AUGUST DES JAHRES 1853

REICH ILLUSTRIERT

VERLAG 28 EICHEN
BARNSTORF

Herausgegeben, aus dem Englischen übersetzt,
mit Anmerkungen und einem Nachwort versehen
von Nadine Erler.

Das Original ist ein Auszug aus
Sunny memories of foreign lands,
1929 bei McClelland & Stewart, Toronto, erschienen,
und liegt hier in der deutschen Erstausgabe vor.

Mit besonderem Dank der Übersetzerin an
Dr. Alexander Wolz, Staatsarchiv Coburg,
Beth Burgess, Collection Manager
des Harriet Beecher-Stowe Center in Connecticut,
Diana Weber, Stadtarchiv Heidelberg,
Geertrui Devolder, Luisa Westhäuser und Silvia Kallenberger, Stiftung der
Herzog von Sachsen-Coburg und Gotha'schen Familie in Coburg,
Dr. Katja Deinhardt und Anna Riemann, Landesarchiv Weimar,
Kathrin Schulze, Melanchthonhaus Wittenberg,
Linda Hocking, Litchfield Historical Society,
Dr. Martin Treu, Luther-Gesellschaft e. V., Wittenberg,
Sabrina Zinke, Universitätsarchiv Heidelberg,
Professorin Stephanie A. Smith, University of Florida und
Professor Dr. Volker Leppin, Universität Tübingen
für ihre Hilfe bei der Recherche

Die Deutsche Bibliothek verzeichnet diese Publikation
in der Deutschen Nationalbibliographie.
Detaillierte bibliographische Daten sind im Internet über
http://dnb.ddb.de abrufbar.

ISBN 978-3-96027-110-9

Covergrafik : Portrait of Harriet Beecher Stowe (ca. 1855)
Von Francis Holl nach George Richmond. National Portrait Gallery. London

… When thou haply seest
Some rare note-worthy object in the travels,
Make me partaker of thy happiness.

William Shakespeare

… Wenn du das Glück hast,
Auf deinen Reisen bemerkenswerte Dinge zu sehen,
Laß mich an deinem Glück teilhaben.

William Shakespeare
(in der Übersetzung von Nadine Erler)

Inhalt

Vorwort der Autorin

Dieses Buch wird halten, was sein Titel verspricht – „heitere Erinnerungen“.

Falls Kritik laut werden sollte, dass alles rosarot dargestellt sei, ist die Antwort: Warum nicht? Es sind die Eindrücke einer wunderbaren Reise. Wenn einige Personen oder Ereignisse in ein zu vorteilhaften Licht gerückt werden, möge der Leser bitte bedenken, dass es schlimmere Sünden gibt als die Neigung, gut über seine Nachbarn zu denken und zu sprechen. Bewunderung und Liebe kann man dann und wann ebenso tolerieren wie Kritik und Besserwisserei. Amerika und England haben sich bisher in kleinlicher Mäkelei Konkurrenz gemacht. Alle schlechten Seiten der Alten Welt sind uns bestens vertraut und vielleicht ist es Zeit, ein paar gute Seiten zu sehen.

Die Verfasserin hat vor allem deshalb beschlossen, diese Briefe herauszugeben, weil gewisse Kreise hartnäckig versuchen, die hier beschriebenen Verhältnisse falsch darzustellen. So lange diese Verzerrungen nur bei denen Gehör fanden, die ohnehin alles schlecht finden wollten, wurden sie ignoriert. Aber da sie in einigen Fällen auch Einfluss auf hervorragende, ehrliche Leute hatten, ist es wünschenswert, dass die reine Wahrheit gesagt wird. Der Grund für die Veröffentlichung dieser Briefe besteht also darin, den Anständigen und Aufrichtigen das gleiche schöne Bild zu zeigen, das die Autorin mit eigenen Augen gesehen hat. Sie hatte einen großen Freundeskreis in ihrem eigenen Land im Blick, Menschen, denen sie schon seit Jahren herzlich verbunden ist. Diese Leute schätzen Vortrefflichkeit und glauben an sie; sie haben echte

Freude daran, ihren Horizont der Hoffnung und Nächstenliebe zu erweitern. Für solche Leser ist dieses Buch gedacht und wer nicht so denkt, sollte das Buch als einen Brief betrachten, der nicht an ihn adressiert ist und den er nur versehentlich geöffnet hat. Er möge ihn wieder schließen und an den richtigen Empfänger weitergeben.

Abbildung 1: Harriet Beecher-Stowe

Englische Leser werden gebeten, zu berücksichtigen, dass dieses Buch nicht für die englische, sondern die amerikanische

Öffentlichkeit bestimmt ist. Es wäre für die Autorin viel leichter gewesen, wenn keine Aussicht auf eine Veröffentlichung in England bestanden hätte. Da dies jedoch unvermeidlich war, hat die Verfasserin entschieden, es dort in einer eigenen Auflage herauszugeben. Die Autorin bekundet gern ihre Dankbarkeit gegenüber den Verlegern in England, Schottland, Frankreich und Deutschland – sie haben sich großzügiger gezeigt, als es das Gesetz verlangt hätte. Die Autorin hofft, dass der Tag nicht mehr fern ist, an dem Amerika dem Beispiel anderer Länder folgt und ausländischen Schriftstellern die gleichen Rechte einräumt, wie es umgekehrt der Fall ist.

Die Tagebucheinträge über die Reise auf den Kontinent stammen aus der Feder von Reverend C. Beecher[1]. Die Briefe sind größtenteils eine Zusammenfassung dessen, was an Ort und Stelle zu Papier gebracht wurde. Einige wurden auch erst nach der Rückkehr der Autorin geschrieben.

Es ist ein ergreifender Gedanke, dass mehrere Personen, die in diesen Briefen vorkommen, mittlerweile heimgegangen sind. Der Earl of Warwick[2], Lord Cockburn[3], Richter Talfourd[4] und Dr. Wardlaw[5] weilen nicht mehr unter den Lebenden. Während wir lesen und schreiben, schreitet die Prozession der Schatten an uns vorbei; die Guten sind im Leben versammelt und der Himmel bereichert durch die Schätze der Erde.

H. B. S.

1 Harriet Beecher-Stowes Bruder Charles Beecher (1815 – 1900). Ihr Ehemann Calvin Ellis Stowe (1802 – 1886) war bereits in die USA zurückgekehrt, als die Reisegesellschaft den Kontinent erreichte.
2 Henry Richard Greville, 3. Earl of Warwick (1779 – 1853).
3 Henry Thomas Cockburn of Bonaly, Lord Cockburn (1779 – 1854).
4 Sir Thomas Noon Talfourd (1795 – 1854).
5 Ralph Wardlaw (1779 – 1853).

Der Rhein – Heidelberg

Meine Liebe,
heute haben wir unsere erste Fahrt auf dem Rhein gemacht. Die Schweiz ist keine gute Vorbereitung darauf, eine alltägliche Landschaft zu bewundern; von Straßburg bis Mannheim wirkte der Rhein wie ein trüber Streifen Wasser mit flachen Ufern, Pappeln und Wiesen. Falls es etwas Besseres zu sehen gab, habe ich es verschlafen – denn ich schlief tatsächlich, sogar auf dem klassischen Rhein.

Abbildung 2: Rheinbrücke bei Basel

Vorgestern in Basel war ich im Museum und habe dort einige Originalausschnitte aus dem Totentanz und viele andere Bilder von Holbein gesehen, außerdem zwei Miniaturen von Lucas Cranach (in Wasserfarben), die Luther und seine Frau darstellten. Wenn man Lucas trauen darf, war Katharina in jener Zeit keine Schönheit und Luther sieht recht grimmig aus. Aber ich habe auch ein Buch mit eigenhändigen Niederschriften und mehrere Originalbriefe Luthers gesehen. Ganz oben auf einem davon stand das Wort „Jesus“ (also „J. U. S.“). Die Handschrift war schön, ja sogar zierlich. Ich legte meine Hand darauf und dachte daran, daß auch seine Hand dieses Papier berührt hatte, dem er mit seinen Gedanken Leben eingehaucht hat. Melanchthon dagegen, von dem man eine viel gediegenere Schrift erwartet hätte, schrieb plump und krakelig, fast wie Dr. Bishop[6]. Es rührte mein Herz an, Luthers Schrift zu sehen – so klar und sauber und flüssig – und dabei an seinen wachen, unbezähmbaren Geist zu denken, an seine Konflikte und Siege.

Abbildung 3: Hans Holbein: Totentanz

6 Wer mit Dr. Bishop gemeint ist, konnte leider nicht geklärt werden.

Heute morgen weckten uns gegen acht Uhr das Glockenläuten der nahe gelegenen Kathedrale und der Gesang der Gemeinde. Es war ein schöner sonniger Morgen und ich lauschte dem Gesang, während ich mich anzog. Seinem Klang nach zu urteilen, war es ein protestantischer Gottesdienst, der mir die Ulmen von Andover ins Gedächtnis rief – die vom Tau benetzte, erlesene Schönheit des Sonntagmorgens dort – und ich fragte mich mehr denn je: Warum suche ich etwas Schöneres als mein Zuhause? Aber heute begleitet mich noch der süße Schatten von Gottes Gegenwart und das Gefühl seiner Liebe und seines Schutzes fällt in meine Seele wie Tau.

Abbildung 4: Ansicht von Heidelberg

Zur Frühstückszeit kamen Professor M.[7] und seine Tochter[8] und boten sich an, uns das Schloss – oder was auch immer wir

7 Robert von Mohl (1799 – 1875), deutscher Staatswissenschaftler. Abgeordneter mehrerer Parlamente, darunter der Frankfurter Nationalversammlung 1848.

8 Ida Schmidt von Zabiérow, geb. von Mohl (1832 – 1911.

sehen wollten – zu zeigen. Ich gestand, dass wir den Tag lieber nach Art des Neu-Engländers, nämlich in Ruhe, verbringen würden, und mit dem Vorschlag waren sie sofort einverstanden.

Beim Frühstück fragte uns der Diener, ob wir gern ein Zimmer mit Blick auf das Schloss hätten. „Aber sicher“, sagte ich. Daraufhin führte er uns in ein großes, elegant möbliertes Appartement mit unmittelbarer Aussicht auf das Schloss. Dort saß es auf seinem grünen Thron, ein königliches, wunderschönes, poetisches Etwas, malerisch und traurig.

Wir hörten Gesang und Gebete und eine Predigt von C., gingen aber nicht zum table d'hote, weil uns dessen langwierige, endlose Formalitäten zuwider sind. Aber eins genossen wir, auch ohne hinzugehen – ich meine die Musik. Für mich ist alle Musik heilig. Ist es nicht so? Jede echte Musik mit ihrem leidenschaftlichen Ernst, ihren Mischungen, ihren wilden, herzbewegenden Tönen ist die Sprache des Strebens. Es ist vielleicht nicht so gemeint, aber wenn wir Gott kennen, fassen wir es so auf.

Abends tranken wir Tee mit Professor M. Es war gemütlich, genau wie im Salon in Paris. Mrs. M.[9] saß an einem Tisch und schenkte Tee ein, den ein Diener an einen Kellner weiterreichte.

Nach und nach kam eine ganze Menge Leute herein – darunter Professor Mittemeyer[10], der, wie man mir sagte, der beste Anwalt Deutschlands ist. Ebenfalls anwesend war Heinrich von Gagern[11], der 1848 Präsident der Frankfurter Nationalversammlung und Ministerpräsident gewesen war. Er ist groß und hat ein sehr markantes Gesicht – sehr dunkle Haare und Augenbrauen.

9 Pauline von Mohl, geb. Becher (1808 – 1894).

10 Carl Joseph Anton Mittermaier (1787 – 1867), deutscher Jurist, Hochschullehrer, Publizist und Politiker; einer der bedeutenden Rechtswissenschaftler für Strafrecht des 19. Jahrhunderts.

11 Heinrich Wilhelm August Freiherr von Gagern (1799 – 1880), liberaler deutscher Politiker. 1848 hessischer Ministerpräsident und Präsident der Frankfurter Nationalversammlung.

Auch ein hellblonder junger Mann namens Fisher[12] war da. Man sagte mir, er sei einer der größten Philosophen unserer Zeit, aber die Regierung hatte ihm wegen seiner pantheistischen Grundsätze die Lehrbefugnis entzogen. Ich verstand, dass dies für viel Aufruhr gesorgt hat und einige Professoren für und andere gegen ihn sind. Eine Dame erzählte mir, die Professoren der Theologie seien gegen ihn. Ich wundere mich, dass die Leute nicht sehen, dass diese Art der Unterdrückung ein zweischneidiges Schwert ist, das sowohl die Orthodoxie als auch den Pantheismus vernichten kann. „Lasst beides gemeinsam wachsen", sagt Christus, „den Weizen und das Unkraut."[13] In Amerika machen wir es so und haben eine reichliche Ernte aller Arten von Getreide. Je mehr, desto besser; die Erde muss sich verausgaben, bevor das Ende kommen kann.

Mr. M. sprach Englisch, ebenso seine sehr hübsche Tochter Ida, seine Frau nur Französisch und Deutsch. Wenn Du auch dort gewesen wärst, hätten wir eine herrliche Zeit gehabt, aber wegen meiner fehlenden Deutschkenntnisse konnte ich nur mit den Leuten reden, die Englisch sprachen. Professor Mittemeyer kratzte genug Englisch zusammen, um mir ein ausführliches Kompliment zu machen, auf das ich reagierte wie immer – mit einem dummen Gesicht. Ein gebildeter Herr, der ehemalige Privatsekretär[14] von Prinzgemahl Albert, sprach sehr gut Englisch. Er hat einen regen Geist, weiß alles und schien sehr bereit zu sein, mich an seinem Wissen teilhaben zu lassen, wofür ich sehr dankbar war. Alles in allem hatte ich einen sehr angenehmen Abend und wir verabschiedeten uns gegen neun Uhr.

---

12 Kuno Fischer (1824 – 1907), deutscher Philosoph. 1853 wurde ihm wegen des Vorwurfs des Pantheismus die Lehrerlaubnis entzogen.

13 Matthäus 13, 30.

14 Eduard Prätorius (1807 – 1855).

Abbildung 5: Heidelberger Schloß von Gerrit Berckheyde, 1670.

Miss Ida versprach, am nächsten Morgen im Schloss unsere Reiseleiterin zu sein, aber beim Aufwachen war mir so elend, dass ich nicht aufstehen konnte. Ich kannte die alten Symptome und blieb in meinem Zimmer, während Professor M. und seine Tochter mit S.[15], W.[16] und G.[17] zum Schloss hinauf gingen. Ich verbrachte den Tag auf dem Sofa, bis ich mich gegen fünf Uhr abends so weit besser fühlte, dass ich mir eine Kutsche nehmen und hinauf fahren konnte. C. begleitete mich und der Kutscher fuhr mit uns um das wunderschöne Neckartal, über die Hügel hinter dem Schloss und zuletzt durch den alten Torbogen auf das Schlossgelände. Ich hatte mir zuvor keine Vorstellung von der Größe und der architektonischen Schönheit dieses Ortes gemacht. Die Terrasse hinter dem Schloss ist bezaubernd, zur Vollkommenheit fehlten ihr nur Ruhe und Einsamkeit – es wim-

15 Sarah Beecher, geb. Buckingham (1817 – 1901), Witwe von Harriet Beecher-Stowes Bruder George (1809 – 1843).

16 Sarah Beechers Bruder William Buckingham.

17 Harriet Beecher-Stowes zu dem Zeitpunkt 12jähriger Neffe George Buckingham Beecher (1841 – 1925), Sohn ihres Bruders George und dessen Frau Sarah.

melte nämlich von Touristen, ebenso wie jede verfallene Ecke und jeder Torbogen. Ich schlenderte allein durch die Gegend, denn C. hatte schlimme Kopfschmerzen und musste sich auf eine der Steinbänke setzen. Das Heidelberger Schloss erstreckt sich über eine riesige Fläche und weist verschiedene Architekturstile auf – Teile von ihm wurden laut einem Reiseführer von Michelangelo[18] entworfen. Über einer Tür befand sich eine hebräische Inschrift. In den Mauernischen standen die Statuen von Kurfürsten und Rittern in Rüstung – schweigend, einsam. Die Wirkung war ganz anders als die der gotischen Ruinen, die ich bisher gesehen hatte. Dies sprach von Höfen und Fürsten und der Stolz und die Pracht, die im Gegensatz zu der Stille und Verlassenheit standen, erinnerten mich an das Märchen von der verzauberten Stadt, in dem König und Hof zu Stein erstarrten. Der Kopf eines kummervollen Löwen weckte meine Aufmerksamkeit, er hatte so ein sonderbares, trauriges Aussehen. Ein verfallener Springbrunnen war von Unkraut überwuchert.

Ich betrachtete das Schnitzwerk, die Statuen, die verfallenen Bögen, an denen Glockenblumen und wilde Blumen wachsen, und fand es unbeschreiblich schön. Es begleitete mich bis in meine Träume und ich stellte mir vor, wie ich in einem herrlichen Zwielicht mit einer Freundin diese Terrasse auf und ab ging – es war ein sonderbarer, wunderbarer Traum. Aber ich fühlte mich doch sehr krank, als ich dort war, und musste mich gleich wieder aufs Sofa legen, als ich zurück kam. Als ich dort lag, nahm ich meinen Bleistift und zeichnete genau die Kulisse des Schlosses, die ich durch mein Fenster sehen konnte – als Andenken an die Seligkeit, die ich in Heidelberg empfunden hatte. Nun, ich weiß, Du wirst mir darin zustimmen, dass so ein Tag dämmriger, verträumter Freude viel wert ist. Wir können nicht sagen, warum es ist oder was es ist, aber man spürt es wie

18 Diese Information ist falsch.

einen äolischen Hauch. Diese Skizze von dem Schloss zeigt nur etwa die Hälfte der Anlage. Die winzigen Statuen auf den Spitzen der Giebel stellen Gestalten in Rüstung dar und sind in Wirklichkeit sehr groß. Die beiden kleinen Hütten oder Sommerhäuser, die Du siehst, findest Du, wenn Du Dich wieder dem anderen Bild zuwendest. Beachte die Enden der Terrasse – diese Architektur hat eine maurische Note, die mich sehr begeistert. Die maurische Entwicklung fand ich schon immer sonderbar spannend und schön.

Dienstag – nach Frankfurt.[19]

Wir verlassen Heidelberg mit Bedauern.

Am Bahnhof ging uns erstmals das Gepäck verloren. Als W. im Gepäckraum Geld wechselte, vergaß er den Korb mit unseren Büchern und anderes. Unglücklicherweise war ihm das deutsche Wort für Korb gerade entfallen. „Wo ist mein – *panmert*“, rief er und nannte die französische Entsprechung. Sie schüttelten die Köpfe. „Wo ist mein – *basket?*“ rief er auf Englisch und sie schüttelten die Köpfe noch heftiger. „Wo ist mein – “

„Fiiiep!“ kreischte die Pfeife der Dampflok, „Klingeling!“ machte die Glocke und W. ließ seine Frage unvollendet und stürzte zum Zug.

In unserem Waggon saß ein älteres Ehepaar, das Französisch sprach. Der Mann war offenbar ein ruhiger Zeitgenosse, der durch langes Brüten ganze Vulkane in sich selbst erstickt hatte. Er ahnte nicht, welchen Ausbruch das Schicksal vorbereitete. H.

19 Die Tagebucheinträge stammen von Harriet Beecher-Stowes Bruder Charles, er nennt seine Schwester im Folgenden „H.“.

saß seinem Hut gegenüber, den er auf einen leeren Platz gelegt hatte. Ein Turm oder eine andere Sehenswürdigkeit tauchte auf – H. stand auf, drehte sich um und setzte sich unschuldig auf seinen Hut. Was für ein Gebrüll die Sanftmut in Person ausstieß! In einem solchen Augenblick – denn wer sich auf oder eher in einen Hut setzt, erlebt ein ganz besonderes Gefühl – schrumpfen Zeitalter zu Momenten zusammen und zwischen dem ersten Nachgeben des Materials und dem letztlichen Zerknautschtwerden ist genug Zeit dafür, dass einem das ganze bisherige Leben durch den Kopf schießt. Innerhalb eines Wimpernschlags spürte H. entsetzt, dass sie auf einem Hut saß, dass der Hut plattgedrückt wurde, dass er mit jeder Sekunde flacher wurde, dass der sanftmütige Mann auf Französisch jammerte, und sie dachte gerade an ihren Mann und ihre Kinder, als sie aufsprang und der Alptraum vorbei war. Der sanftmütige Mann hatte seinen französischen Satz hervorgestoßen; nun saß er entgeistert da und befühlte seinen armen Hut, während seine Frau gegenüber sich in Krämpfen wand und wir alle gespannt zusahen. Dann fragte der Herr H., wo sie sitzen wolle, sagte sehr bedeutsam: „Dann lege ich meinen Hut dort hin!“ und ließ seinen Worten sofort Taten folgen. Bis Frankfurt erholten wir uns nicht mehr davon.

Abbildung 6: Johann Heinrich Danneker: Ariadne auf dem Panther.

In Frankfurt angekommen, fuhr wir zum *Hotel de Russie.* Nachdem wir alle Sehenswürdigkeiten besichtigt hatten, besuchten wir Danneckers[20] Ariadne. Es zeigt eine wunderschöne Frau, die auf einem Panther oder Tiger reitet. Das Licht fällt durch eine rosa Gardine auf die herrliche Gestalt.

Abbildung 7: Hotel de Russie zu Frankfurt (Postkarte)

Zwei Gedanken kamen mir: Warum regt sich bei uns, wenn wir diese vollkommene, so ganz enthüllte Gestalt sehen, kein Gefühl der Scham oder des Begehrens, wie es bei einer lebendigen Figur der Fall wäre? Und warum weckt der unmittelbare Kontakt weiblicher Hilflosigkeit mit der schrecklichsten Wildheit nicht das Entsetzen, wie es eine solche Szene im wirklichen Leben tun würde? Warum – wenn nicht deshalb, weil wir in der Welt der Kunst einem Zauber erliegen und natürliche Instinkte sich vor dem Gesetz des Geistes und der idealen Wahrheit beugen.

20 Johann Heinrich von Dannecker (1758 – 1841), Bildhauer des Klassizismus.

Frankfurt

Meine Liebe,
heute sind wir in Frankfurt angekommen und haben uns am Nachmittag die Sehenswürdigkeiten angeschaut, vor allem das Haus, in dem Goethe geboren wurde. Über der Tür – Du erinnerst Dich – prangte das Familienwappen. Als wir es anschauten, merkte ich, dass ein kleiner Vogel sich oben auf dem Wappen mit seiner Familie häuslich niedergelassen hatte. Er hauste in einem gemütlichen Nest, mit dem er das Wappen gekrönt hatte. Kleiner phantasievoller, gefiederter Amateur!

Abbildung 8: Goethes Geburtshaus in Frankfurt auf einer Postkarte zu Beginn des 20. Jahrhunderts.

War nur Goethes Wappen ihm gut genug? Ich stelle mir vor, dass das kleine Ding die Seele des Dichters ist und zurückkommt, um eine Art luftiges Dasein in unserer wirklichen Welt zu führen – um zu singen, sich niederzulassen und sich in die Höhe zu schwingen, denn ich glaube, Du hast mir erzählt, sein größtes Talent sei eine ausgezeichnete Wahrnehmung und die Beschreibung körperlicher Schönheit gewesen. Goethes Haus war sehr großartig für seine Zeit, nicht wahr? Heute sagt uns ein Schild am Fenster, dass es als Porzellanmanufaktur genutzt wird.

Dann fuhren wir durch das Judenviertel. Du erinnerst Dich, wie seltsam und alt es aussah; es ist aber modernisiert worden, seit Du hier warst. Der Kutscher hielt vor einem Haus an und sagte auf Deutsch etwas über Rothschild, das für C. klang wie „Hier hängte Rothschild seine Stiefel aus dem Fenster“. Wir lachten und fuhren weiter.

Danach gingen wir in den Römer, die Halle, von der Du mir erzählt hast und in der die Kaiser gewählt wurden. Alle haben ihr Porträt in Wandnischen und ich schaute nach draußen auf den Springbrunnen, aus dem zu diesen Anlässen Wein sprudelte. Dann sah ich mir all die Kaiser an und wünschte mir, ich wüsste mehr über Geschichte. Karl V. ist der einzige, an den ich mich genau erinnere. Dann gingen wir in eine Art Museum. Der Kutscher blieb an der Tür stehen und wir hörten, wie er, W. und G. gutturale Laute hervorsprudelten – er erzählte ihnen etwas über Luther. Mir kam der Gedanke, dass sich drinnen das Manuskript von Luthers Bibel befand; also stürzte ich hinein.

Abbildung 9: Lithographie (von Göbel) nach dem Marmor-Standbild von Marchesi in der Stadtbibliothek Frankfurt

Es war die öffentliche Bibliothek. Das erste, was ich sah, war eine riesige Statue von Goethe, geschaffen von einem italienischen Künstler. Was für einen Kopf der Mann hatte! Wie Jupiter! Und was für eine Ausstrahlung! Die Statue ist wirklich majestätisch, aber glaubst Du, dass Goethe selbst es auch war? Der egotistische Geist, der sich in seinem Tagebuch zeigt, lässt mich zweifeln. Shakespeare war nicht befangen und bei ihm deutet nichts auf Egotismus hin – falls er sich selbst kannte, machte er sich nicht die Mühe, zu sagen, was er wusste. Aber der Kopf ist riesig und majestätisch und man sieht, dass der Besitzer ein echter Mann war. Wir gingen in die Bibliothek und störten dort einen ruhigen, freundlichen Leser. Mit einigem Bedauern legte er sein Buch beiseite, um uns zu den Weg zu weisen.

„Ist Luthers Bibel hier?“ fingen W. und G. an.

„Nein“, aber er geleitete uns in ein kleines Zimmer, „hier sind Luthers *Schuhe.*“

„Schuhe!“ riefen wir alle und brachen in unehrerbietiges Lachen aus. Ja, da waren sie in einer Vitrine – seine Schuhe in Lebensgröße – Schuhe ohne Absätze, groß, plump und schwarz! Was für eine Idee!

Es gab aber auch ein naturgetreues Porträt von Lukas Cranach und eines von Holbein, das Katharina zeigte. Darauf wirkte sie auf mich liebenswerter als auf dem, das ich zuvor in Basel gesehen hatte. Und es wurden Autografe von Goethe, Schiller, Luther und Melanchthon ausgestellt.

Abbildung 10: Autograf von Goethe

Unser kleiner Bücherfreund sah uns bekümmert an, als verschwende er seine Zeit, und schien froh, als wir wieder hinausgingen. C. dachte, er sei beleidigt, weil wir über Luthers Schuhe gelacht hatten, aber ich glaube, er sehnte sich nur nach seinem Buch. C. bot ihm eine Bezahlung an, aber lehnte ab. Als wir nach unten gingen, sah ich in der Eingangshalle ein Bild, das den kleinen Goethe auf einem Adler zeigte. Wir fuhren weiter, um in irgendeiner Straße eine Bronzestatue von ihm zu besichtigen, und ich aß dort ein Eis, um meine Verehrung für ihn zu zeigen. Wir sind im ganzen begeistert von Frankfurt.

Nun darf ich nicht die Krönung dessen vergessen, was wir gesehen haben – Danneckers Ariadne! Sie befindet sich in einem Pavillon im Garten eines vornehmen Herrn. Könnten Schönheit und Anmut die Seele erfreuen und erfüllen, könnte man nicht nach mehr verlangen als nach der Ariadne. Der schöne Kopf, die

Kehle, der Hals, der Oberkörper, die Hand, der Arm, die ganze Haltung sind erlesen. Aber letztlich – was ist es? Kein sittlicher Reiz – nur physische Schönheit, kalt wie die griechische Mythologie. Ich dachte an seinen Christus und wunderte mich nicht, dass er, nachdem er sich der Darstellung des Göttlichen zugewandt hatte, sich weigerte, klassische Statuen zu erschaffen. „Wer einen Christus geschaffen hat, kann keine Venus mehr erschaffen."

Unser Hotel hier ist sehr schön. Ich glaube, es muss ein Palast gewesen sein, denn es ist mit prächtigen Statuen geschmückt und die Wände sind aus echtem Marmor. Die Treppe ist sehr hübsch mit einem Geländer aus Messing – und am Fuß liegt zu beiden Seiten ein Marmorlöwe. Die Wände meines Zimmers sind mit grünem, golden gesäumten Damast verkleidet; das Personal ist ausgezeichnet. In allen Hotels einer jeden großen Stadt gibt es einen Mann, der Englisch spricht. Die englische Sprache verbreitet sich langsam aber sicher in Europa und macht schon der Allgemeingültigkeit des Französischen Konkurrenz. Zwei Dinge in dieser Stadt sind mir als typisch deutsch aufgefallen – eins war ein langbeiniger Storch, den ich auf einem Schornstein habe stehen sehen und der mich an den „lieben weißen Storch" erinnerte, von dem in deutschen Geschichten so oft die Rede ist. Warum tun Störche in Amerika das nicht, frage ich mich? Eine andere Sache war die, dass ich plötzlich mitten in der Nacht aufwachte und den Ruf des Nachtwächters hörte, der die volle Stunde verkündete. Ich finde, das ist ein sehr schöner Brauch.

Am nächsten Morgen beschloss ich, in die Gemäldegalerie zu gehen. Aber C., der sich in Genf mit einer „Amati"[21] verlobt hat, interessiert sich seither wie jeder junge Bräutigam nur noch für seine Geliebte. Malerei, Bildhauerei, Architektur – alles muss hinter der Musik zurückstehen. All die Faszination eines

21 Gemeint ist eine Geige der Geigenbauerfamilie Amati aus Cremona.

Raphael oder Rubens kann es in seinen Augen nicht mit den Melodien von Mozart oder Beethoven aufnehmen. Als wir gestern die Gemäldegalerie geschlossen vorfanden, bemerkte er nur profan: „Welch ein Segen!“

Und heute morgen konnte ich von der Gruppe nur W. dazu bewegen, mit mir zu gehen. Es waren zwei oder drei prächtige Bilder von modernen Künstlern zu sehen, die Sonnenaufgang und -untergang in den Alpen zeigten. Niemand soll mir erzählen, dass die alten Meistern die Welt der Landschaftsmalerei erschöpfend behandelt hätten. Ich bin nicht kompetent, das zu beurteilen, weil ich keine Künstlerin bin? Was! Fühlt sich nicht jeder kompetent, ein Urteil über die Reize echter Landschaften abzugeben und zu sagen, welche schöner ist? Und sind Maler größere Künstler als Gott? Wenn jemand sagt, wir seien nicht befähigt zu urteilen, weil wir die Mischung der Farben, die Geheimnisse der Perspektive und all das nicht verstehen, dann frage ich ihn, ob er versteht, wie Gott seine Farben mischt? „Verstehst du die Balance der Wolken? Die unerforschlichen Wege von ihm, dessen Weisheit vollkommen ist?“ Wenn ich mir also ein Urteil über Gottes Originale bilden darf, wage ich es auch, die Nachahmungen des Menschen zu beurteilen. Niemand soll mir alte, schwarze, verrauchte Poussins[22] und Salvator Rosas[23] aufdrängen und meine Augen und meinen gesunden Menschenverstand beleidigen, um mich zu dem Geständnis zu zwingen, sie seien besser als die Bilder, auf denen ich all die Frische und Blüte lebendiger Wirklichkeit gesehen habe.

Hier ist auch ein wirklich großartiges Bild zu sehen. *Johann Hus zu Konstanz* von Lessing[24] – eines der wenigen der

22 Nicolas Poussin (1594 – 1665), französischer Maler des klassizistischen Barocks.

23 Salvator Rosa (1615 – 1673), italienischer Zeichner, Maler, Dichter, Schauspieler.

24 Carl Friedrich Lessing (1808 – 1880), romantischer Maler des 19. Jahrhunderts. Jan Hus (ca. 1370 – 1415), böhmischer christlicher Theologe, Prediger und Reformator, als Ketzer auf dem Scheiterhaufen verbrannt.

Gemälde, das es vermochte, mich tief zu berühren. Ich bringe es nicht übers Herz, es nur als ein Werk aus Farbe und Pinselstrich zu beurteilen, obwohl ich finde, dass es in dieser Hinsicht große Verdienste aufweist. Aber das Bild hatte die Macht, die alle große Kunst haben muss – die Macht, solche kleinlichen Fragen mit ihrer ernsten Moral verstummen zu lassen. Ich glaube, dass der größte Maler oft eine Art Inspiration erlebt, durch die der Betrachter in seinen Werken mehr sieht, als er selbst wahrnahm, während er sie schuf. An diesem Bild beeindruckte mich am meisten die Darstellung der subtileren Folter, die der Märtyrer erleidet – die Unsicherheit und Schwäche eines Einzelnen, der die ganze Macht der Religionsgemeinschaft gegen sich hat. Wenn sich nur die weltlich Gesinnten und die Lasterhaften gegen den Märtyrer stellen würden, könnte er es ertragen; aber wenn die Kirche, die beansprucht, sichtbarer Stellvertreter Christi auf Erden zu sein, ihn verstößt, wenn zahlreiche gläubige und heilige Seelen, die bei aller Frömmigkeit unaufgeklärt sind, ihn mit Entsetzen als Abtrünnigen und Gotteslästerer betrachten – das ist erst die eigentliche Tortur. Solange der Körper stark und der Geist klar sind, kann die Überzeugung, im Recht zu sein, vielleicht sogar darüber hinweghelfen, aber es kommen Stunden der Schwäche, in denen die Seele, ausgelaugt von Gefängnis und Folter, sich fragt: „Kann es sein, dass alle religiösen und ehrenwerten Menschen der Welt im Unrecht sind und nur ich im Recht bin?“ So eine Qual formulierte Luther in der beinahe übermenschlichen Schrift, die er in der Nacht vor dem Reichstag zu Worms verfasste. Und so eine Qual machte, wie uns der Historiker sagt, auch Jan Hus in der Nacht vor seiner Hinrichtung durch.

Abbildung 11: Lessing: Jan Hus, Ausschnitt

Nun zu dem Bild. Der Maler hat mit überragendem Können im Vordergrund eine Gruppe kirchlicher Würdenträger seiner Zeit versammelt: italienische Kardinäle in roten Roben und mit aufmerksamen, klugen, nachdenklichen Gesichtern, auf die der Schatten ihrer breiten Hutkrempen fiel; Männer, gegen die man in einem Disput nicht leicht ankommt; es sind grauhaarige, ehrwürdige Priester und Bischöfe mit Siegelringen als Zeichen ihres Amtes – alles verkörperte die Majestät und Größe dessen, was Hus als die wahre Kirche kennengelernt hatte. In ihrer Mitte steht Hus in einem schlichten dunklen Gewand und die gelbliche Totenblässe seines Gesichts kündet von Haft und Leid. Er verteidigt sich und seine Hand umklammert die Bibel mit einer bebenden Aufrichtigkeit. In leidenschaftlichem Schmerz scheint er zu sagen: „Habe ich nicht recht? Sagt dieses Buch es nicht? Und ist es nicht das Wort Gottes?“

Abbildung 12: Diebold Schilling d.Ä. Spiezer Chronik: Feuertod des Jan Hus in Konstanz

So interpretiere ich dieses prächtige Bild und habe das Gefühl, dass ich in ihm ein Beispiel für die wahre Mission der Kunst gesehen hatte, die sich auf dieser Welt immer mehr behaupten wird, je näher das Reich Christi kommt; Kunst, die nicht nur ein Spiel der Farben ist, eine Vorführung ihrer Wirkung, sondern eine feierliche, inspirierende Poesie, die uns lehrt, für das Edle und Wahre zu leben und zu sterben. Ich finde dieses Bild viel besser als sein Gegenstück, *The Martyrdom of Huss*, das ich schon in Amerika gesehen hatte.

Mittwoch

Von Frankfurt nach Köln. Ein Hoch auf den Rhein! Um elf verließen wir den fürstlichen Palast, der sich *Hotel de Russie* nannte – seine Hallen haben Wände aus Marmor und sind mit antiken Statuen von unschätzbarem Wert geschmückt. Und siehe da, als wir gerade in unsere Kutsche stiegen, fiel uns das verschwundene Paket wieder ein! Korb, Umhang, Mantel und alles!
Wir fuhren im Eiltempo zum Bahnhof, gemächlich nach Mainz, bahnten uns einen Weg an Bord eines überfüllten Dampfers, stellten unser Gepäck in der Kabine ab und ließen uns schließlich in der Mitte des Ganzen auf fünf Stühlen nieder. Der Dampfer war klein, schmal und nicht luxuriös, aber schnell.

Abbildung 13: Ansicht von Bingen

Als wir den Rhein zum ersten Mal sahen, war es höchst ungemütlich. Die Franzosen und Deutschen plauderten vergnügt. Die englischen Touristen sahen besorgt aus. Ein Vater mit drei Töchtern schaute abwechselnd in den Reiseführer und durch die Lücke des Sonnensegels, offenbar von der Angst beseelt, irgend eine Sehenswürdigkeit zu verpassen. Wir flohen aus dem Getümmel und bahnten uns einen Weg, diesmal zum Bug. Wir schleppten Stühle, Schirme und Bücher mit und an der Spitze des Schiffes hatten wir eine schöne Aussicht. Also bewunderten wir pflichtschuldig Bingen, Koblenz, Ehrenbreitstein, Bonn, den Drachenfelsen und all die anderen Sehenswürdigkeiten und lasen *Childe Harold*[25] auf dem Rhein. Erreichten Köln um neun.

---

25 *Childe Harold's Pilgrimage,* dt. *Childe Harolds Pilgerfahrt,* 1812 – 1818 erschienenes Versepos des britischen Dichters Lord Byron (Anm. d. Übers.)

Abbildung 14: Der Dom zu Köln

Donnerstag

Wir fuhren zur Kathedrale. Ich werde nicht *Murray*[26] wiederholen oder Einzelheiten zur Architektur nennen. Ich war zufrieden mit dem, was ich sah und hörte, und wünschte mir, dass ein so prächtiges Werk, eine so erhabene Blüte der Steinskulptur, zu wahrer Reife gelangen würde, nicht als Kirche, sondern eher als Versteinerung, ein Gewächs der fruchtbaren, üppigen Natur. Warum sollte nicht das gärende, brodelnde Hirn des Menschen in so einem gewaltigen Werk gotischer Zinnen, Türme und Säulen überschäumen? Am Gottesdienst schätzte ich nur die Orgel und den Gesang – verborgen inmitten von Bögen aus Stein sprudelten die Harmonien unsichtbarer Spielleute hervor und schufen eine Welt aus Klang, in denen die mächtigen Säulen wie verwandelt schienen – sie standen nicht mehr reglos unter ihrem eigenen Gewicht da, sondern schwebten und wuchsen wie durch Geisterhand. Erfüllt von diesen enormen Wellen und Schwingungen war das riesige Bauwerk ein Lebewesen mit Instinkt und Seele, und aus der Tiefe seines Herzens strebte es danach, sein Gefühl zum Ausdruck zu bringen.

26 *Murray's Handbooks for Travellers,* populärer Reiseführer, zwischen 1830 und 1910 herausgegeben von John Murray im gleichnamigen Londoner Verlag.

Köln – Hotel Bellevue

Liebe –,
die große alte Stadt liegt vor mir. Sie überragt den Rhein, der sich ausbreitet wie ein geschmolzener Spiegel, der zittert und vibriert und die tausend Lichter der Stadt zurückwirft. Wir waren den ganzen Tag auf dem Rhein und sind an seinen malerischen Landschaften vorbeigesegelt. Aber ach! Ich hatte Kopfschmerzen, das Boot war überfüllt, alle rauchten Tabak, und unter solchen Umständen hat man nichts von der Schönheit der Natur. Es reicht nicht, die Augen offen zu halten, man muss mit ihr im Einklang sein. In der geistigen Welt sehen wir manchmal große Wahrheiten – dass Gott wunderschön und herrlich ist, aber zu anderen Zeiten empfinden wir sowohl die Natur als auch Gott, und oh, wie sich Anblick und Gefühl unterscheiden! Um die Wahrheit zu sagen, ich hatte heute wirklich Heimweh. Ich lehnte den Kopf an die Reling und dachte an eine sofortige Flucht – alle Termine auf dem Kontinent und in England absagen und ab nach Hause! Ist es nicht absurd, dass ich mich nach ein paar Tagen auf einer Reise, von der ich so lange geträumt habe, so fühle – dass ich wirklich denke, ich hätte lieber ein paar mehr von unseren schönen Spaziergängen in Andover machen sollen, als alles zu sehen, was Europa zu bieten hat?

Heute Morgen haben wir den Kölner Dom besucht. Sein Äußeres hat mich ebenso enttäuscht wie Straßburg, aber wer könnte von seinem Inneren enttäuscht sein? Seine empor strebenden Bögen haben etwas Erhabenes – diese Säulen wirken so leicht – man hat das Gefühl, man würde in die Lüfte schweben wie eine Wolke. Dann die unzähligen Verästelungen und endlosen Perspektiven, ein Bogen über oder in dem anderen, eingefärbt von dem Licht, das durch die bunten Scheiben fällt, und alles erfüllt vom Klang des Gesangs und der Orgel, der sich hob und senkte wie das Rauschen des Meeres. Es war eines der wenigen überwältigenden Dinge, die einen sofort in höhere Sphären katapultieren und keine Zeit für die kalte Frage lassen: Bin ich zufrieden? Ja, sagte ich mir, als ich fasziniert durch diese heiligen Hallen wandelte und sah, wie der Weihrauch in Wolken aufstieg und die Priester niederknieten und ich die ergreifenden Stimmen des Chors hörte –, ja, eine Seite des Menschen verlangt nach solchen Gottesdiensten, nach sichtbaren Bildern von Größe und Schönheit. Die Summen, die für diese Kirchen ausgegeben wurden, sind ein erhabener prächtiger Protest gegen den Materialismus – dagegen, Geld nur für die primitiven tierischen Bedürfnisse des Lebens zu verwenden und aus dem Gotteshaus eine kahle Klause zu machen, in dem die Leute nur sitzen, um über ihre Pflichten belehrt zu werden.

Abbildung 15: Jungfrauen auf dem linken Altarflügel des Kölner Doms

Aber einen Augenblick später kam mir die andere Seite der Frage wieder jäh in den Sinn. In einer dunklen Ecke befand sich ein schmuckloser Schrein aus rot gestrichenem Holz und darin saß eine Puppe. Sie war mit Pailletten und Lametta geschmückt und sollte die heilige Jungfrau darstellen. Außerdem war sie über und über mit kleinen wächsernen Armen, Händen, Füßen und Beinen behängt – ich nehme an, als Dank für Wohltaten, die sie ihren Jüngern erwiesen hatte. Vor diesem Schrein knieten mehrere arme Menschen mit gefalteten Händen und gesenkten Köpfen und beteten mit einer Inbrunst, deren Anblick traurig war. „Sie haben ihren Herrn weggenommen und ich weiß nicht, wo sie ihn hingelegt haben.“[27] So wirkt dieser Götzendienst auf die Ungebildeten und die Armen. Aber würden wir – wenn wir es könnten – Kathedralen wie die in Straßburg und Köln vom Gesicht der Welt tilgen? Ich diskutierte die Frage nach äußerlichem Pomp und Ritualen mit mir selbst, während ich entschlossen eine steinerne Balustrade auf dem Dach der Kirche umrundete und durch die Pfeiler schaute – auf den breiten Strom des Rheins und die seltsamen, altmodischen Häuser und Türme der Stadt. Ich dachte an den Prunk jüdischer Rituale und Tempel, von Gott selbst geschaffen. Ich fragte mich, wo in der Bibel stand, dass solche Rituale verboten seien, wenn die Menschen nun einmal das Bedürfnis danach hatten, und dann dachte ich an die Unbildung und stumpfsinnige Abgötterei in den Ländern, in denen diese Religion ihre größten Einfluss hat, und überlegte, ob diese beiden Missstände unvermeidliche Begleiterscheinungen solchen Glaubens sind oder andere Ursachen haben. Die jüdische Religion hatte in einem viel sinnlicheren Zeitalter ihren Cherubim als Skulptur, ihre Fülle an künstlerischer Darstellung, ihre prächtigen Priestergewänder, ihren Weihrauch und ihre

27 Johannes 20, 13; eigentlich: „Sie haben *meinen* Herrn weggenommen“.

Gesänge – und so weit wir wissen, wurde all das nie zum Gegenstand von Götzendienst.

Aber am liebsten schwelge ich im Anblick der Kathedrale – diese Bögen, bei deren fröhlicher Leichtigkeit ich das Gefühl habe, dass sie nicht von Menschenhand geschaffen wurden, sondern durch Zauberkraft emporgeschossen sind – aufgestiegen wie jemand, der in den Himmel will, eine Verkörperung der Seele, die in die Höhe strebt, um mit Gott in Verbindung zu treten. Diese gehobene Stimmung hielt ungefähr fünf Minuten an und war all die Unannehmlichkeiten wert, die wir auf dem Hinweg erlebt hatten, und wir können nur für so kurze Zeit genießen – dann schließt sich unsere Gefängnistür.

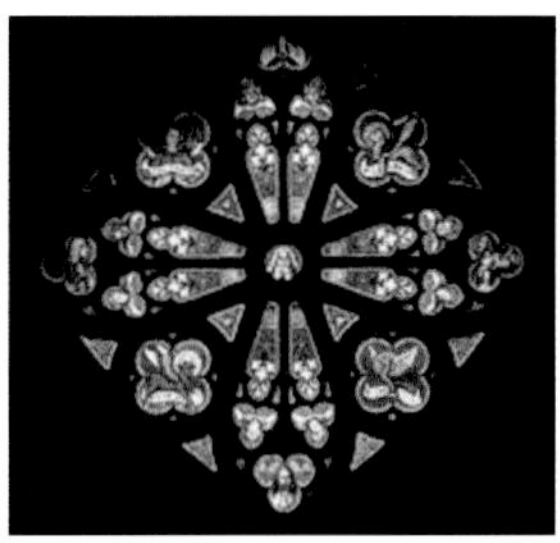

Abbildung 16: Ausschnitt eines Glasfensters aus dem Kölner Dom

Vier bunte Glasfenster sind ein Geschenk des Königs von Bayern. Ich habe für H. Fotos von zwei dieser Fenster gekauft, die die Geburt und den Tod Christi zeigen. Es sind herrliche Gemälde der ersten Meister. Die Fenster rund um den Chor waren in einem Stil gemalt, der mich an unsere Herbstwälder erinnerte.

Auf unsere erhabenen Gefühle folgte eine Farce. Wir gingen in die Kirche St. Ursula, um die Knochen der elftausend Jungfrauen zu besichtigen, die laut der Chronik hier umgebracht wurden, weil sie ihr Keuschheitsgelübde nicht brechen wollten. Ich war sehr amüsiert. Als wir die Kirche betraten, bemerkte C.: „Es ist offensichtlich, dass diese Jungfrauen nichts mit Kölnisch Wasser zu tun haben!“ Diese Tatsache ließ sich leider nicht abstreiten. Bekümmert aussehende Gestalten, gemalt in allen Farben des Regenbogens, schauten aus allen Richtungen auf uns herab und ganz vorn in einem gläsernen Rahmen befand sich ein Verzeichnis der Reliquien, die man besichtigen konnte. C. las die Liste laut vor, und dann gingen wir in ein kleines Nebenzimmer, um die Ausstellung zu sehen. Oben an den Wänden hingen kleine Knochen, die an Drähten befestigt und als kunstvolle Arabeske arrangiert waren, etwa so, wie Muschelkästchen gemacht werden. Der untere Teil zeigte silberne und goldene Büsten, die immer noch die endlosen elftausend darstellten. Die halb offene Tür eines Schranks gab den Blick auf Regale voller Schädel frei, die mit kleinen Satinmützen, Krönchen und Modeschmuck verziert waren. Die Schädel, so teilte man uns mit, stammten wirklich von diesen ehrfurchtgebietenden Damen. Am anderen Ende des Zimmers war eine Bühne errichtet, auf der die allerheiligsten Reliquien ausgestellt wurden, bewacht von einem Priester in langem schwarzen Gewand. C. und ich gingen auf die Bühne, um uns weiterzubilden. S., die wegen des bereits erwähnten Fehlens von Kölnisch Wasser sehr schlechter Laune war, hielt majestätisch Abstand, aber C. gab sich als überzeugter Mann des Glaubens und ließ sich unterweisen.

„Das“, sagte der Priester in jammerndem Ton – es war genau die richtige Mischung aus Klage und Anbetung –, „ist der Ring der heiligen Ursula[28].“

„Wirklich“, sagte C., „ihr Ring!“

„Ja“, sagte der Priester, „er wurde in ihrem Sarg gefunden.“

28 Die heilige Ursula lebte der Legende nach im 4. Jahrhundert n. Chr. in Köln.

„Er wurde in ihrem Sarg gefunden – stell dir das mal vor!“ sagte C und wandte sich ernst an mich.

Ich musste in eine andere Richtung schauen, als der Priester der Reihe nach vier bemerkenswert gelbe Schädel mit geschmackvoll genähten roten Mützen als die der heiligen Ursula und ihrer engsten Freunde vorstellte. S. sah herrlich empört aus und C.s Miene wurde immer ernster.

„Hier“, sagte der Priester und öffnete einen Kasten aus Elfenbein, in dem sich ungefähr ein Quart *Zähne* in verschiedenen Größen befand, „sind die Zähne der elftausend.“

„Wahrhaftig“, echote C., „ihre Zähne!“

Daraufhin bekam S. einen wunderbaren Wutanfall und – wie ein Romanautor sagen würde – rauschte aus dem Zimmer. Ich drehte mich um und schüttelte mich vor Lachen, während der Priester fortfuhr.

„Hier ist eine Rippe des heiligen –“

„Ah, seine Rippe, tatsächlich!“

„Und hier ist der Pfeil, der das Herz der heiligen Ursula durchbohrt hat.“[29]

„H.“, sagte C., „hier ist der Pfeil, der die heilige Ursula getötet hat.“ (Der Taugenichts wusste, dass ich lachte!)

„Und das hier ist ihr Haarnetz.“

„Das trug sie also auf dem Haar“, sagte C und betrachtete den Lumpen mit melancholischem Ernst.

„Und hier ist etwas Blut des Märtyrers Stephanus[30]“, sagte der Priester und hielt ein Glas mit etwas Matsch hoch.

Danach zeigte er uns noch zwei Dornen aus der Krone Christi und ein Stück vom Unterrock der Jungfrau.

---

29 Der Legende nach starb Ursula durch den Pfeil eines Hunnen.

30 Stephanus (ca. 1 n. Chr. – ca. 36/40 n. Chr.), laut Neuem Testament ein Diakon der Jerusalemer Urgemeinde, gilt als erster Märtyrer des Christentums.

„Und hier ist der steinerne Krug, dessen Wasser unser Herr auf der Hochzeit zu Kana[31] in Wein verwandelte."

„Tatsächlich", sagte C. und musterte ihn mit großem Interesse, „wo sind die anderen?"

„Welche anderen?" fragte der Priester.

„Nun ja, ich dachte, dass es sechs Krüge waren. Wo sind sie?"

Der Priester fuhr einfach mit der alten Geschichte fort. „Das ist aus Rom gekommen, und das Stück, das herausgebrochen ist, ist noch in Rom."

Ich gestehe, dass ich während dieses abstoßenden Vortrags etwas von S.s Empörung nachfühlen konnte, und ich musste ihr zustimmen, dass der Geruch der Heiligkeit, der hier herrschte, alles andere als angenehm war. Ich sehnte mich danach, dem Mann einmal direkt in die Augen zu schauen, um zu sehen, ob er wirklich so dumm war, wie er tat, aber die Lächerlichkeit der Situation überwältigte mich, so dass ich nicht aufblicken konnte, und ich marschierte schweigend hinaus. Die ganze Kirche ist ebenso voller Jungfrauen. Das Altarbild zeigt das Gemetzel und ist nicht schlecht gemalt. Durch Glasfenster kann man sehen, dass die Wände mit Knochen und Schädeln gefüllt sind. Sind die Ägypter tiefer gesunken, was abscheulichen Götzendienst betrifft? Ich hatte von solchen Dingen gehört, aber es ist eine Sache, von ihnen zu hören, und eine andere, sie im Licht dieses neunzehnten Jahrhundert zu sehen, in einer Stadt, deren Straßen aussehen wie die jeder anderen, und deren Männer und Frauen einem vorkommen wie die Leute überall. Hier sahen wir an einem Morgen die Pracht und die Verdorbenheit des römischen Systems. Von den majestätischen Bögen und dem triumphieren-

31 Johannes 2, 1-12.

den Gesang ist es nur ein Schritt zur Vergötterung der Knochen Verstorbener und des Schmutzes.

Wir gingen auch in die Jesuitenkirche. Ich sah eine Unmenge kitschigen, schäbigen Prunks, abgesehen von dem Geländer des Chors – eine prächtige Arbeit, in einen einzigen Block Marmor aus Carrara gemeißelt. Ich denke, der Reiseführer beschreibt nicht weniger als ein halbes Dutzend in Köln als geeignete Dosis für den Gläubigen, aber uns reichten diese drei und wir gingen in unser Hotel zurück. Generell würde ich nicht mehr als drei Kirchen auf nüchternen Magen empfehlen.

Die Stadtmauer von Köln ist ein sehr schönes Exemplar einer Festung (ich zitiere aus meinem Reiseführer) und wir hatten einen vollkommenen Blick darauf, als wir auf dem Rückweg ins Hotel die Bootsbrücke überquerten. Warum man hier eine Brücke hat, kann ich nicht sagen, vielleicht wegen der Breite und Schnelligkeit des Flusses.

Abbildung 17: Stadtansicht von Düsseldorf auf einer Postkarte von 1912

Da ich so viel über den Schmutz und den Gestank in Köln gehört hatte, war ich überrascht, dass die Straßen, durch die unsere Fahrt führte, aussahen wie die der meisten anderen Städte und auch – außer in der Nähe der elftausend Jungfrauen – nicht schlimmer rochen. Vielleicht gibt es schmutzige, übel riechende Straßen, aber die gibt es auch in Edinburgh, London und New York.

Von Köln aus fuhren wir um vier Uhr nach Düsseldorf. Es ist eine kleine Stadt, berühmt für die Düsseldorfer Schule der Malerei. Ich kann mir nicht vorstellen, warum man diese Stadt als Ort einer Schule für schöne Künste gewählt hat, denn es ist alles in allem höchst uninteressant. Von Köln aus fährt man ungefähr eine Stunde. Wir kamen rechtzeitig an, um in die Ausstellung zu gehen, die den ganzen Sommer geöffnet ist. Ich weiß nicht, wie gut diese Ausstellung ist, aber ich fand sie unbedeutend. Ein paar Gemälde interessierten mich, aber sie können es nicht mit denen aufnehmen, die ich in der Düsseldorf-Galerie zu Hause gesehen habe. Whittridge[32] lebt dort, war aber leider für acht Tage verreist.

Unser Hotel war sehr schön – besonders die Allee davor. Wir bestellten uns Tee aufs Zimmer und unterhielten uns angeregt. Heute Morgen brachen wir um sieben auf und sind heute Abend in Leipzig eingetroffen – bisher finde ich es nicht besonders interessant.

Außerdem haben wir den Umkreis verlassen, den unser Rhein-Reiseführer beschreibt. Wir hatten noch keinen neuen und wussten daher nichts über die wenigen vorhandenen Sehenswürdigkeiten. Die Eisenbahnen bleiben natürlich ihrer Gewohnheit treu, vor einer unüberwindlichen Mauer stehen zu bleiben, so dass man bei einem Aufenthalt nichts sieht.

32 Worthington Whittredge (1820 – 1910), amerikanischer Landschaftsmaler.

Abbildung 18: Magdeburg vom Werder aus gesehen

Die Stadt Magdeburg war das einzig Interessante, was ich gesehen habe. Ich hatte einen guten Blick auf ihre Kathedrale, die ich zwar nicht imposant, aber sehr malerisch fand – ebenso ihre alte Mauer. Wir stiegen hier um, fuhren durch die Mauer in die Stadt und ich sah gerade genug, um mir zu wünschen, mehr zu sehen, und heute Abend sind wir in Leipzig.

Morgen

Wir gehen jetzt in die Stadt und ich muss diesen Brief abschicken. Den morgigen Tag verbringen wir in Halle.

Freitag

Von Düsseldorf nach Leipzig – dreihundertdreiundsiebzig Meilen. Eine sehr flache und offenbar fruchtbare Gegend. Wenn sie gut regiert wird, sollte sie große Reichtümer anhäufen.

Samstag

Wir schauten im Kontor von Mr. Tauchnitz[33], dem gefeierten Verleger, vorbei. Eine Stunde später kam er, begleitet von Mrs. Tauchnitz[34], mit zwei offenen Kutschen und nahm uns mit, damit wir die Stadt und deren Umgebung sehen konnten. Wir besuchten das Schlachtfeld und sahen die Stelle, an der Napoleon während des Gefechts gestanden hatte – eine leichte Erhebung, von der aus man in alle Richtungen Blick auf eine unendliche Weite hat – und auf die Türme der Stadt, die in der Ferne emporragen. Nach einigen interessanten Besichtigungen kehrten wir in unser Hotel zurück, wo unsere lieben Freunde Abschied von uns nahmen.

33 Christian Bernhard Tauchnitz (1816 – 1895), deutscher Verleger.
34 Henriette Tauchnitz, geb. Morgenstern (1817– 1896).

Abbildung 19: Tauchnitz

Am Nachmittag schickte Mr. Tauchnitz H. einen Stapel seiner unterhaltsamen englischen Werke, die wir im Zug lesen konnten, und einen *Murray* für Deutschland. H. und ich nahmen dann den Zug nach Halle, wo wir den Samstag mit Dr. Tholuck[35] verbringen wollten.

Reisende besuchen manchmal Chamouni, ohne den Mont Blanc zu sehen, weil er sich während ihres Aufenthalts in Wolken hüllt. So ging es uns auch. Nach einer Stunde Fahrt stiegen wir im Hotel Kronprinz ab und schickten dem Professor eine Nachricht. Der Diener kam zurück und sagte, Dr. Tholuck sei in Kissingen. Unser theologischer Mont Blanc war im Nebel verborgen. Wir sahen uns enttäuscht an.

„H., gibt es keinen anderen Professor, den wir besuchen können?“

„Ich glaube nicht.“

Nachdenklich las sie ein Werk aus der Tauchnitz-Bücherei und meine Amati bekundete seufzend ihr Beileid.

---

35 August Tholuck (1799 – 1877), deutscher protestantischer Theologe, Dozent an der Universität Halle.

„H.“, sagte ich, „vielleicht schaffen wir es heute Abend noch nach Dresden!“

„Meinst du? Geht das? Fährt ein Zug?“

„Wir können bald fahren.“

„Was für überraschte Gesichter sie machen werden!“

Wir riefen den *matre d'hotel,* bestellten Tee, zahlten, packten, rannten und eilten *presto, prestissimo* davon. Wir sprangen in einen Waggon, der vor Reisenden fast überquoll, stiegen in Leipzig um und brausten nach Dresden. Mitten in der Nacht polterten wir über die große steinerne Elbbrücke und erreichten das Hotel de Saxe, wo wir gegen ein Uhr im Land der Träume waren.

Abbildung 20: Hotel de Saxe, Dresden, Werbeanzeige

Am nächsten Morgen stellte sich die Frage, wie wir unsere Gruppe finden sollten.

„Diener, bringen Sie mir ein Adressbuch.“

„Es gibt kein Adressbuch, Sir.“

„Kein Adressbuch? Wie sollen wir dann unsere Freunde finden?“

„Monsieur hat Freunde, die in Dresden leben?“

„Nein, nein! Unsere Reisebegleiter, die gestern Abend aus Leipzig gekommen sind.“

„In welchem Hotel sind sie abgestiegen?“

„Genau das möchten wir herausfinden.“

„Gestattet Monsieur, dass ich ihre Beschreibung an die Polizei weitergebe?“

(Oho, dachte ich, das ist euer Adressbuch, nicht wahr? Frage mich, ob das der Grund ist, warum ihr kein gedrucktes habt.) *„Non, merci“,* sagte ich und machte mich zu Fuß auf den Weg, um die wichtigsten Hotels abzuklappern. Ich wusste, dass sie sich nach *Murray* oder *Bradshaw*[36] richten würden, und siehe da, natürlich waren sie im *Hotel Bellevue* und nahmen gerade am Frühstückstisch Platz. S. fuhr zusammen, als habe sie ein Gespenst gesehen.

„Nanu, wo kommst du denn her? Was ist passiert? Wo ist H.? Ich dachte, ihr seid in Halle!“

Es folgten Erklärungen. H. wurde eiligst in ihr Hotel überführt, wo sie Zimmer für uns gebucht hatten, und wir hasteten in die Hofkirche, um die Musik der Messe zu hören.

Diese Musik wird in ganz Deutschland gefeiert. Sie ist zweifellos überwältigend. Die Orgel klingt edel, der Chor der Oper königlich. Aber noch vollkommener als alles zusammen ist das Echo der Kirche, das (auch wenn der Reiseführer es nicht erwähnt) alles andere übertrifft.

---

36 *Bradshaw's Guide,* Reiseführer und Eisenbahnfahrpläne, herausgegeben in London von W.J. Adams in den Jahren 1839 (initiiert von George Bradshaw) bis 1961.

Abbildung 21: Hofkirche Dresden, um 1850

Montag

Wir besuchten die Gärten an den Ufern der Elbe. Der Himmel war klar, das Wetter herrlich und die Natur voller Freude. Wir finden beinahe, dass die Elbe eine zweite Seine ist – und die Brühlschen Gärten und Terrassen, die majestätischen alten Brücken und die geteilte Stadt ein zweites Paris! Hier kann man auch das Leben im Freien genießen, das wir so bewundern. Frühstück in den öffentlichen Gärten, Hunderte kleiner Gruppen schlürften ihren Kaffee! Mittagessen, Tee und Abendessen in den Gärten, dazu Musik von Vögeln und Kapellen!

Wir besuchten die Gemäldegalerie. Wenn man in diesem deutschen Athen einen Altar fände, der dem „unbekannten Gott“

gewidmet wäre, wäre man versucht vorzuschlagen, dass dieser Gott „Anstand“ hieße.

Die menschliche Gestalt ist wahrhaft göttlich, wie Madame Belloc[37] beharrlich versichert, und wenn sie richtig und in heiliger Absicht gezeichnet wird, kann sie auch das keuscheste Auge nicht beleidigen. Alle Natur ist symbolisch. Das Universum selbst ist ein komplexes Symbol spiritueller Ideen. In der Gestalt des menschlichen Körpers sind einige der größten spirituellen Vorstellungen und die göttlichsten Geheimnisse angelegt und werfen ihre Schatten voraus. Wenn der Künstler die göttliche Absicht richtig auffasst und auf der Leinwand oder aus Marmor Figuren von erhabener, vollkommener Schönheit erschafft, dürfen wir nicht klagen, wenn sie wie Adam und Eva im Garten Eden „nackt sind und sich nicht schämen“.

Und doch lieben auch heilige Dinge das Geheimnis und die heiligsten Gefühle verlangen Zurückhaltung. Die Natur selbst scheint uns zu sagen: Je heiliger ein Kunstwerk ist, desto verschleierter sollte es sein. Es gibt Blumen, die in der Sonne verwelken. Die Leidenschaft der Liebe ist, wenn sie sich gemäß der göttlichen Ordnung entwickelt, sogar in ihrer Körperlichkeit so heilig, dass sie ihre Feinheit verliert, wenn man sie der Schwüle profaner Öffentlichkeit aussetzt.

Aber es ist etwas ganz anderes bei Gemälden, die keine spirituelle Bedeutung haben. Auch der geschickteste Umgang mit Farben, die beste Perspektive und Wunder an Technik können den obszönen Bildern mythologischer Scheußlichkeiten keine Weihe verleihen.

Die Wangen, die beim Anblick von Tizians *Venus von Urbino*, da Vincis *Leda und der Schwan,* Correggios[38] *Jupiter*

---

37 Wahrscheinlich Louise Swanton-Belloc (1796 – 1881), französische Schriftstellerin und Übersetzerin. Sie übertrug *Uncle Tom's Cabin* ins Französische.

38 Antonio da Correggio (1489 – 1534), italienischer Maler.

und Io und anderen in böser Absicht erschaffenen Werken nicht erröten, brauchen über nichts zu erröten. Solche Bilder sind eine Schande für die Künstler, die sie malten, für das Zeitalter, das sie duldete, und für die Galerien, die sie ausstellen. Sie passen eher in ein Bordell als in eine öffentliche Ausstellung.

Abend

Dresden ist das Zuhause von Madame Jenny Lind-Goldschmidt[39]. H. schickte ihr ihre Karte. Heute Abend kam Mr. G.[40] zu uns und bekundete sein Bedauern – sie konnte wegen ihres kürzlichen Wochenbettes[41] keinen Besuch empfangen. Er bot uns freundlich seine Kutsche und seine Unterstützung bei Besichtigungen an. H sprach mit ihm über die Kataloge der Gemäldegalerien. Was die Musik betraf, so erfuhren wir mit Bedauern, dass jetzt keine Saison für Konzerte, Oratorien oder anderes Hörenswerte ist.

---

39 Jenny Lind (1820 – 1887), schwedische Opernsängerin (Sopran), lebte 1852 – 1855 in Dresden.

40 Otto Goldschmidt (1829 – 1907), deutscher Komponist, Dirigent und Pianist, verheiratet mit Jenny Lind.

41 Jenny Linds erstes Kind war Walter Otto Goldschmidt (1853 – 1884).

Abbildung 22: Correggio, Jupiter und Io

Mittwoch

Von Dresden nach Berlin. Fuhren nach Charlottenburg und sahen das Mausoleum von Königin Luise[42].

Donnerstag

Wir haben die Gemäldegalerie und verschiedene Geschäfte und Läden besucht.

42 Königin Luise von Preußen (1776 – 1810).

Abbildung 23: Luise (die spätere Königin; links) und Friederika von Gottfried Schadow

Samstag

Von Berlin nach Wittenberg, zwei Stunden Fahrt. Auf unserem Weg über den öffentlichen Platz, auf dem Luthers Denkmal steht, haben wir die Schlosskirche besucht, in der er begraben ist.

Um neun Uhr abends haben sind wir nach Erfurt gefahren. Die nächtliche Fahrt – der Mond und ein Stern leuchteten am Horizont – war schön. Es ist aufregend, in der geheimnisvollen Nacht durch ein gänzlich unbekanntes Land zu fahren. Um zwei Uhr morgens erreichten wir Erfurt.

Montag

Gegen acht von Erfurt nach Eisenach. Zur Wartburg gefahren.

Abbildung 24: Sixtinische Madonna von Raffael

Dresden

Liebe –,
ich bin als Pilgerin der Kunst nach Dresden gefahren, vor allem, um Raffaels großartiges Gemälde der Sixtinischen Madonna zu sehen. Ich nahm an, es sei das beste Werk dieses Genies außerhalb Italiens.

Unterwegs studierte ich eifrig den Reiseführer dieses unermüdlichen Freundes der Reisenden – Mr. Murray –, in dem die schönsten Bilder beschrieben und von Künstlern kommentiert werden, damit unerfahrene Betrachter genau wissen, was sie denken sollen und wo sie es denken sollen. Meine Erwartungen waren so oft enttäuscht worden, dass mein Puls nicht allzu heftig war. Dennoch waren die glühenden Loblieder dieser gefeierten Künstler dazu angetan, Vorfreude zu erwecken. Wir begaben uns also zuerst in den Saal mit den Werken von Raffael und Correggio und standen bald vor dem großen Gemälde. Zitternd vor Spannung schaute ich hinauf. War das das Bild? W. flüsterte mir zu: „Ich glaube, wir haben uns im Gemälde geirrt."

„Nein, haben wir nicht", sagte ich und versuchte, die Enttäuschung abzuschütteln, die mich überkam. Der Grund für die Enttäuschung waren die dürftigen, verblichenen Farben, bei denen ich zuerst an eine Aquarell-Skizze dachte. Es hatte offensichtlich bei der Reinigung sehr gelitten, und ich war davor gewarnt worden. Diese Behandlung hat eine besonders ungünstige Wirkung auf einem Gemälde von Raffael, denn sein Einsatz der Farbe ist ohnehin sparsam, im Vergleich zu Rubens beinahe kümmerlich, und so kann er es sich kaum leisten, noch mehr davon einzubüßen. Auch sonst ärgerte mich vieles. Die Jungfrau und das Kind schweben empor und unter ihnen sieht man links die kniende Gestalt von Papst Sixtus und rechts die heilige Barbara. Nun ist Papst Sixtus in meinen Augen ein sehr unscheinbarer alter Mann und ich habe keine höhere Meinung von unscheinbaren alten Männern, nur weil sie Papst sind. Deshalb fand ich seine Anwesenheit auf dem Bild störend. Die heilige Barbara dagegen hat den schönsten Kopf und das schönste Gesicht, das man sich vorstellen kann, aber sie kniet auf einer Wolke und das mit einer so bedachten, koketten Haltung von Kopf, Hals und Schultern, die ihre Schönheit voll zur Geltung bringt, dass man das Gefühl hat, keine Heilige (es sei denn, sie wurde in Paris erzogen) könnte jemals in religiöser Verzückung in so eine Position gesunken sein. Kurz gesagt, sie sieht aus wie eine Theaterschauspielerin ohne religiösen Ernst, die nur da ist, weil man eine schöne Frau für das Bild brauchte. Und die alte, verblichene grüne Gardine, die zu beiden Seiten herunter hängt, ist in meinen Augen ein Ärgernis. Interessant sind nur die beiden Figuren in der Mitte, die Madonna und das Kind, und zwei Engel in Kindergestalt, die vom unteren Rand des Bildes nach oben schauen. Diese Engelskinder waren das erste, worauf sich meine Aufmerksamkeit richtete, als ich gegen meine Enttäuschung ankämpfte und versuchte, mich in den Künstler hineinzuversetzen. Um ihre vergeistigte Schönheit wirklich schätzen zu können, muss man eine ganze Menge der sogenannten Engel gesehen haben, die in den Werken der alten Meister auftauchen. Alles in allem weiß ich nichts, was besser geeignet wäre, die Sehnsucht nach dem Himmel zu dämpfen, als die üblichen Leinwand-Engel. Mit Abstand die meisten sind prahlerische, kräftige Kerle mit Flügeln, eindeutigen Merkmalen eines guten Lebens und einer Derbheit, die auf schlechtes Benehmen schließen lässt. Ganz anders diese schönen Geschöpfe mit ihren regenbogenfarbenen Flügeln und ihren heiteren, nachdenklich nach oben blickenden Augen, voller Gefühl. Diese beiden Engel waren das Erste, was meinen Vorstellungen von Raffael gerecht wurde. Was die Madonna betrifft, so denke ich, dass Wilkie[43] Recht hat, wenn er sagt, sie sei der Vollkommenheit weiblicher Eleganz und Anmut näher als jedes andere Gemälde. Die körperliche Schönheit und Anmut der Figur sind nicht das Entscheidende – es gibt noch bessere Gestalten, sowohl auf der Leinwand als auch aus Marmor. Aber das Gelungene an dieser Figur ist meiner Meinung nach etwas anderes – erstens die historische Genauigkeit in der Darstellung der dunkeläugigen jüdischen Jungfrau, zweitens die Schönheit und Tiefe des Ausdrucks, die dem Gesicht gegeben wurden, und drittens die geheimnisvolle Ähnlichkeit und Übereinstimmung zwischen dem Gesicht der Mutter und dem des göttlichen Kindes. In meinen Augen hat dieses Bild genau das, was Murillos[44] Himmelfahrt im Louvre fehlt – einen unermesslich tiefen Ernst.

Abbildung 25: Murillo, La Sainte Famille, dite la Vierge de Séville

43 David Wilkie (1785 – 1841), schottischer Maler.
44 Bartolomé Esteban Murillo (1618 – 1682), spanischer Maler.

Murillos Werk ist diesem überlegen, was die Farben und die Anordnung der Figuren betrifft. Auf den ersten Blick ruft bei Murillo jeder sofort: „Wie schön!“ Beim Anblick dieses Bildes ist man still. Viele sind zunächst enttäuscht, aber das Bild fesselt die Aufmerksamkeit und gewinnt, je mehr Gedanken der Betrachter sich macht, während man Murillos Werk nach dem Lippenbekenntnis der Bewunderung gleich wieder vergisst. Dieses Bild regte mich zum Nachdenken an. Das Gesicht der Mutter zeigte widerstreitende Gefühle, die sich geheimnisvoll in der Miene des Kindes spiegelten und ich fragte mich: War es Furcht? War es Kummer? War es Anbetung und Glaube? War es ein Vorbote der Stunde, in der ein Schwert ihre Seele durchbohren würde? Aber war es nicht auch gemischt mit Triumph bei dem Gedanken, dass unter allen Frauen nur sie zu dieser Taufe des Schmerzes erwählt war? Und auf dem Gesicht des Kindes spiegelte sich die Vorahnung des Geistes, der sagte: „Jetzt ist meine Seele bestürzt. Und was soll ich sagen? Vater, rette mich aus dieser Stunde? Doch darum bin ich in diese Stunde gekommen.“[45] Die tief empfindende Seele, die dieses Bild schuf, hat einen feinen, durchsichtigen Schatten der Trauer über die ganze göttliche Gruppe gelegt. Diese Vorstellung von Kummer im Himmel – Trauer um die Verlorenen, während man selbst im Schoß Gottes ruht – ist das heiligste Geheimnis des Christentums und in diesen innersten Tempel der Trauer war Raffael vorgedrungen. Er war ein heiliger Dichter und seine Poesie hat genau das, was der von Milton fehlt – Zärtlichkeit und Mitgefühl. Dieses Bild, das ich auf den ersten Blick so unattraktiv gefunden hatte, hat mich tiefer berührt als alles, was ich bisher gesehen habe. Ich erinnere mich an jede Einzelheit und rufe es mir oft ins Gedächtnis, damit es mein Herz bewegt.

45 Johannes 12, 27.

Abbildung 26: Correggio: Die Heilige Nacht

Im gleichen Saal befand sich auch das *chef-d'oeuvre* von Correggio – seine gefeierte *Heilige Nacht,* und damit Du weißt, was ich dachte, schicke ich Dir ein Zitat von Wilkie: „Alle Mächte der Kunst sind hier vereint, um ein vollkommenes Werk zu schaffen. Hier zeigt sich die Schlichtheit der Zeichnung von Jungfrau und Kind im Gegensatz zu der Perspektive der Engelgruppe – die stärkste Einheit der Wirkung und eines vollkommenen Systems der Vielschichtigkeit. Das Licht, das der Körper des Kindes verströmt, ist eine übernatürliche Illusion, aber es tritt hervor. Die unvergleichliche Schönheit der Jungfrau und des Kindes, die Gruppe der Engel über ihnen, der Tagesanbruch am Himmel und die ganze Komposition aus Licht und Schatten rechtfertigen das Urteil, dass es sein größtes Werk ist."

Ich habe schon früher gesagt, dass Licht und Schatten Correggios Götter waren – sein Lebenszweck war es, Licht und Schatten zu zeigen. Nun, so lange er nur seelenlose Objekte malte – Nymphen, Faune und mythische Gottheiten –, hatte ich keine Einwände. Licht und Schatten sind etwas Wunderschönes und schaffen tausend Übergänge, Milderungen und Harmonisierungen, die man gern sieht. Der Größte unter den Künstlern liebt Licht und Schatten, warum sonst spielt ihr ständiger magischer Wechsel eine solche Rolle in der gesamten Schöpfung? Aber dass ein Künstler das feierlichste Geheimnis der Religion ausnutzt, um seine Kniffe zu zeigen, ist ein profaner Akt. Was ging im Kopf dieses Mannes vor, als er das Bild der Stunde malte, in der sein Schöpfer zu Fleisch und Blut wurde? Nichts als *chiaroscuro*[46] und Perspektive. Diese überwältigende Szene gab ihm eine gute Gelegenheit, zwei Dinge zu tun: erstens den Körper des Kindes ein phosphoreszierendes Licht verströmen zu lassen, und zweitens, ein paar Engel perspektivisch zu zeichnen. Was nun diese Engel betrifft, kann ich nur sagen, dass mir der Kopf

46 *Chiaroscuro:* italienisch: Helldunkel-Malerei.

eines Seraphs lieber wäre als ihre Füße. Eine Gruppe von Erzengeln, die auf der Leinwand so beängstigend um sich treten – und sei es der Perspektive noch so dienlich –, unterstreichen weder Gottes Ruhm noch Friede auf Erden oder den Menschen ein Wohlgefallen. Deshalb habe ich mit Correggio gehadert, weil er die göttlichen Mysterien entweihte. Wie kann jemand, dessen Seele Raffaels edelstes Werk versteht, sich im nächsten Augenblick abwenden und das hier bewundern?

Hier werden auch sechs von Correggios berühmtesten Gemälden ausgestellt. Sie sind alle bloße Darstellungen des Gegenständlichen mit sehr wenig Moral. Sein Bild Anbetung des Kindes zeigt einfach eine sehr anmutige, schöne Frau, die ein hübsches kleines Kind hält. Auch hier sieht man sein besonderes Talent für die Darstellung von Licht und Schatten.

In einem der Säle entdeckten wir eine *Magdalena* von Battoni[47], die mir auf den ersten Blick mehr Freude machte als alle anderen Bilder in der Galerie. Es ist eine lebensgroße Figur der Magdalena, die am Boden liegt und in der Bibel liest. Es gefiel mir erstens, weil die Gestalt in jeder Hinsicht schön und wohlgeformt ist, zweitens wegen der erhabenen Schlichtheit. Der dunkle, felsige Hintergrund bringt die Frau voll zur Geltung. Sie stützt sich auf einen Ellbogen und ihr langes goldenes Haar fällt lose herab, als sie sich über ihr Buch beugt. Ihre Lippen sind leicht geöffnet, die Wangen gerötet, und ihre Haltung verrät gespannte Aufmerksamkeit. Obwohl ihr Hals und die Brust betont werden, hat dieses Werk eine engelhafte Ernsthaftigkeit und Feierlichkeit an sich, der jeden irdischen Gedanken zum Verstummen bringt. Die Frau gehört zu diesen erhabenen engelsgleichen Wesen – die Vollkommenheit von Schönheit und Symmetrie, ohne einen Hauch von sinnlicher Anziehungskraft.

47 Pompeo Girolamo Bat(t)oni (1708 – 1787), italienischer Maler.

Abbildung 27: Die büßende Magdalena nach Battoni, Kopie auf KPM-Porzellan in Schwarzweiß. Das Original wurde bei der Bombardierung Dresdens vernichtet

In all diesen Räumen sitzen Künstler, die die Werke abmalen – einige auf Meißner Porzellan – und fertigen ausgezeichnete Bilder an, die gut in ein Boudoir passen.

Nachdem wir den ersten Saal erkundet hatten, gingen wir durch die Galerien, die ich erwähne, um Dir eine Vorstellung von ihren Ausmaßen zu geben. Zwei Zimmer, in denen Werke alter deutscher und niederländischer Meister gezeigt werden, sind interessant, weil sie das Aufwärtsstreben der Kunst zeigen. Viele Bilder sind plump wie Kneipenschilder und ebenso schlecht, aber sie kennzeichnen die Morgendämmerung künstlerischen Schaffens. In dem langen Korridor mit niederländischen Gemälden stößt man auf Werke von Rubens – wie immer eine Reihe greller Scheußlichkeiten, gemischt mit triumphalen Erfolgen. Die Eberjagd ist einfach phantastisch. Rubens hat die einzigartige Fähigkeit, den Augen der Tiere ein lebendiges und leidenschaftliches Leuchten zu verleihen. Zu sehen war auch eine Skizze für ein großes Bild in München – Das Große Jüngste

Gericht, auf dem die Vorstellung körperlicher Qual verschärft wird durch die Kraft der Symbolik.

Abbildung 28: Peter Paul Rubens: Eine Wildschweinjagd, Gemäldegalerie Alter Meister, Dresden

Ein kleiner Raum, der der Spanischen und der Italienischen Schule gewidmet ist, enthält Bilder von Murillo und Velasquez. Im französischen Saal gab es zwei prächtige Claudes[48], die schönsten, die ich je gesehen habe. Sie befanden sich hinter Glas (keine gute Idee) und dadurch war eins von ihnen beinahe unsichtbar. Ich betrachtete sie lange mit großem Interesse. Es waren poetische Werke, sehr detailgetreu bis zu den Blumen und dem feinen unsichtbaren Schleier des Äthers, der die natürliche Landschaft bedeckt. Das Besondere an diesen Werken ist, dass sie in Grün gemalt sind – das ist ganz normal für Gottes Landschaften, aber sehr ungewöhnlich bei denen der großen Meister. Maler zeigen uns Bäume und Wiesen, braun, gelb, rot, dunkel, kurzum jede Farbe außer grün. Der Grund dafür ist, dass die

48 Claude Lorrain (1600 – 1682), französischer Maler.

Farbe Grün sehr schwer zu gestalten ist. Manchmal habe ich im Frühling vor einem tiefblauen Himmel viele Schattierungen Grün gesehen, vom hellsten Gelb bis zum tiefsten Blau der Pinien, glitzernd in der Nachmittagssonne und doch so eingehüllt in ein unsichtbares, harmonisierendes Etwas, daß die starken Kontraste der Farben die Sinne nicht ansprachen. Alles schien gebunden vom unsichtbaren *cestus* einer himmlischen Venus. Aber welcher Maler würde einen solchen Versuch wagen? Darin liegt der besondere Triumph von Claude. Es heißt, er habe seinen Pinsel und seine Leinwand mit in die Felder genommen und dort stundenlang das Geheimnis dieses luftigen Etwas studiert, das zwischen dem Auge und der Landschaft und zwischen dem Vordergrund und dem Hintergrund steht. Deshalb gelingt es ihm besser als anderen, der grünen Landschaft und dem blauen Himmel die gleiche Wirkung zu geben, die Gott ihnen gibt. Wenn andere Künstler das gleiche Ergebnis anstreben, sollten sie nicht Claude nachmachen, sondern seinen Meister. Würden unsere amerikanischen Künstler nur bedenken, dass Gottes Bilder näher sind als Italien! Ihnen sollte man sagen (ebenso wie dem Christen): „Das Wort ist dir nahe.“[49] Wenn man einen Künstler aus Neu-England sieht, der mit seiner Staffelei in den Feldern stundenlang versucht, die Pracht einer Ulme mit ihrem Firmament aus Ästen und Zweigen auf die Leinwand zu bannen – wenn er begreift, dass darin etwas liegt, das tausend Claudes wert ist – dann wird der Morgenstern der Kunst über unseren Hügeln aufgehen. Gott hat uns einen Künstler geschickt, der seine eigenen Berge und Felder verehrt und sein Gesicht verhüllt, wenn der große Meister vor seiner Tür steht. Wann erscheint der Künstler, dessen Inspiration Gebete und die Zwiesprache mit Gott sind? Dessen Auge, offen für die Schönheit der

49 Römer 10, 8.

natürlichen Welt, Landschaften auf die Leinwand zaubern wird, die Hymnen sein werden? Seltsamerweise scheinen die Leute zu glauben, dass der Schöpfer der Natur keine Kunst inspirieren kann oder will, aber: „Sollte der nicht hören, der das Ohr gepflanzt hat, sollte der nicht sehen, der das Auge geformt hat?“[50] Sind nicht Gottes Werke die großen Vorbilder und ist nicht der Einklang mit dem Herrn nötig, um die Werke zu verstehen?

Aber zurück zu unserem Weg. Wir betraten einen anderen niederländischen Saal, geschmückt mit Werken von Dietrich[51], hübsch gemalt und sehr detailgetreu, dann einen Korridor mit Werken von Rembrandt und seinen Schülern. Darin befanden sich auch einige jener naturgetreuen kulinarischen Gemälde, die Kohlköpfe, Messingkessel, Zwiebeln, Kartoffeln usw. zeigen. Der Eifer der Künstler ist lobenswert. Viele Leute sind begeistert von diesen Bildern, aber ich für meine Person habe nicht viel mehr Freude an gemalten Kürbissen, Zwiebeln oder Kartoffeln als an echten, und wünsche mir immer, dass der Fleiß und die Farbenpracht Dingen gewidmet worden wären, die an sich schön sind.

Zwar gibt uns der große Meister diese Vorbilder, aber er gibt sie uns nicht zum Anschauen, sondern zum Essen. Wenn es Malern gelingen würde, zu einem günstigen Preis Gemüse zu malen, das man essen kann, wäre ich dazu bereit.

Zwei kleine Säle sind der modernen Deutschen und Niederländischen Schule vorbehalten. Hier sieht man Denners[52] *Kopf einer alten Frau,* den Cowper[53] in einem schönen Gedicht besingt – eine Perle lebensechter Darstellung! Man könnte mei-

50 Psalm 94, 9.
51 Christian Wilhelm Ernst Dietrich (1712 – 1774), deutscher Maler, Radierer und Kupferstecher.
52 Balthasar Denner (1685 – 1749), deutscher Maler.
53 William Cowper (1731 – 1800), englischer Dichter.

nen, die alte Dame habe mindestens ein Jahr lang Modell gesessen, bis er jedes Fältchen und jedes Blinzeln abfotografiert hatte! Wie viel besser ist es, so viel Arbeit für den Kopf einer guten alten Frau aufzuwenden, als für einen Kohlkopf!

Abbildung 29: Denner, Alte Frau mit goldgelbem Kopftuch, Galerie Alter Meister, Dresden

Und nun kam eine Reihe italienischer Zimmer mit ein paar seltsamen Beispielen für die römische Entwicklung der Religion – die Kirchenväter Gregorius, Augustinus und Hieronymus, die über die Unbefleckte Empfängnis sinnieren. Sich vorzustellen, dass ein Maler all sein Können dafür einsetzt, so eine Nebelbank zu erschaffen!

Das nächste Zimmer ist Tizians Werken gewidmet. Zwei nackte Venusgestalten, die sich sehr von der Venus aus Milo unterscheiden, sind zu auffällig. Tizian ist sinnlich, ein Grieche, aber keiner der höchsten Klasse.

Abbildung 30: Veronese: Die Madonna der Familie. Cuccina, Galerie Alter Meister, Dresden

Danach kommt Paolo Veroneses[54] Zimmer. Dieser Paolo hatte einen ganz eigenen Charakter – ein großer alter Venezianer, dessen Herz nur für Majestät, höfische Zeremonien und Konventionen schlug, halb orientalisch mit seiner Leidenschaft für Gold, Gemmen und Weihrauch. Ein Beispiel für die Dinge, an denen sich seine Seele erfreute, zeigt sich auf einem Mammutbild: Glaube, Liebe und Hoffnung stellen der Jungfrau Maria ein Mitglied der alten venezianischen Familie Concina vor, das zunächst den Lehren der Reformation gelauscht hatte und dann in den Schoß der Kirche zurückgekehrt war. Hier zeigt sich Paolos Frömmigkeit auf naive Weise, indem er der Jungfrau all die höfische Anmut einer hochwohlgeborenen *signorina* verleiht. Er malte auch die *Anbetung der Könige,* weil es ihm so eine gute Gelegenheit gab, Kamele, Juwelen, Turbane und alle Embleme des orientalischen Königtums darzustellen. Die *Madonna mit Kind* spielen nur eine kleine Rolle in dem Ganzen. Ich mag

---

54 Paolo Veronese (1528 – 1588), italienischer Maler.

Paolo wegen seiner unschuldigen Ahnungslosigkeit, wenn es darum geht, etwas Tiefes auszudrücken. Er ist so ehrlich fixiert auf Kleider, Juwelen und Farben. Er ist ein wunderbarer Zeremonienmeister und hätte in den Diensten eines Königs stehen sollen, der mit seinem Ruhm in die Geschichte eingehen wollte. In einem anderen Saal werden Guidos[55] Werke ausgestellt. Ein oder zwei *Ecce Homo* werden sehr bewundert. Für mich sind sie – gemäß meiner Vorstellung von Jesus – mehr als nur angemessen. Ich glaube, wenn Jesus Christus auf die Erde zurückkehren und beim Gang durch eine Gemäldegalerie die Bilder heiliger Themen sehen würde, würde er wie einst im Tempel sagen: „Tragt das weg!“[56]

Wie konnten Männer, die die Kunst anbeteten wie einen Götzen und sie versinnlichen, diese heiligen Mysterien abbilden, die den Engeln vorbehalten sind? Hier sind viele Darstellungen Christi, die im Reiseführer als anmutig und majestätisch gepriesen werden, aber jede Seele, die seine unermessliche Schönheit empfunden hat, würde sie als Verunglimpfung zurückweisen. Und was die Jungfrau Maria betrifft, so wird das Auge des endlosen Katalogs geistloser Bilder müde. Die wenigen Worte „Es stand aber bei dem Kreuz Jesu seine Mutter“[57] aus der Heiligen Schrift sind schöner und ergreifender als all diese Galerien zusammen. Die Seele, die sie aus der Bibel kennt und die gelernt hat, ohne Vergötterung zu lieben, die ihr im Jenseits zu begegnen hofft, die nur nach der Andacht strebt, die in der tiefsten Verlassenheit am Kreuz steht, kann sich nicht mit solchen Geschmacklosigkeiten begnügen. Nur ein oder zwei Mal habe ich etwas gesehen, das der Idee der Schrift nahe kam. Eins ist dieses Bild von Raffael. Das andere ist ebenfalls von ihm und

---

55 Guido Reni (1575 – 1642), italienischer Maler und Radierer.
56 Johannes 2, 16.
57 Johannes 19, 25.

heißt *Madonna Maison d'Alba* – davon habe ich nur eine Kopie gesehen, es könnte den Worten „Maria aber bewahrte alle diese Worte und erwog sie in ihrem Herzen“[58] nachempfunden sein. Die Figur ist eine junge Jüdin an der Schwelle zwischen Mädchen und Frau, in deren Blick und Haltung man sofort die Prinzessin aus dem Haus David erkennt, die Dichterin und die nachdenkliche, einsame Jungfrau. Sie sitzt auf dem Boden, in einer Hand, die reglos daliegt, das Buch der Propheten. Mit der anderen Hand fasst sie ihrem kleinen Sohn unter das Kinn, der fragend zu ihr aufblickt. Sie sieht ihn nicht – ihr Blick ist kummervoll in die Ferne gerichtet, als sähe sie hinter dem blühenden Kind den verschwommenen Schatten eines Kreuzes und eines Grabes. Das war Maria. Ich denke oft, dass wir Protestanten als Reaktion auf den römischen Götzendienst Gefahr laufen, die Schätze religiöser Gefühle zu vergessen, die uns die Bibel in ihrer kurzen Geschichte geschenkt hat. Mir scheint, die Zeit verlangt nach einer neuen Schule der Kunst, die auf protestantischen Grundsätzen aufgebaut ist. Wenn es jemals Elan und Originalität in der Kunst gab, die aus der römischen Religion stammte, sind sie durch die ewige Wiederholung abgenutzt.

Apropos – als ich in Paris war, machte ich Bekanntschaft mit Scheffer[59], der mit *Christus Consolator, Remunerator* und anderen Werken in Amerika berühmt geworden ist. Ich ging gemeinsam mit einer Dame hin, die seit vielen Jahren eine enge Freundin und deren Kopf in einigen seiner Gemälde verewigt ist. Unterwegs erzählte sie mir interessante Dinge über ihn und seine Familie. Seine Mutter[60] war Künstlerin – eine Frau von erhabenem, religiösen Charakter.

58 Lukas 2, 19.

59 Ary Scheffer (1795 – 1858), französischer Maler niederländischer Herkunft. Harriet Beecher-Stowe nennt ihn „Schoeffer“.

60 Cornelia Lamme (1769 – 1839), niederländische Malerin.

Abbildung 31: Raffael: Madonna Alba, National Gallery of Art, Washington

Es sind drei Brüder[61], die sich der Kunst verschrieben haben. In Amerika ist Ary der Bekannteste von ihnen und auch der Angesehenste. Während ihres Studiums mussten sie sich für eine Weile trennen und die Mutter, die den Kontakt zwischen ihnen aufrecht hielt, zeichnete die Einrichtung des Sohnes, bei dem sie wohnte, für die beiden anderen ab. Eine besondere Ver-

61 Ary Scheffers Brüder waren der Journalist und Schriftsteller Karel Arnold Scheffer (1796 – 1853) und der Maler Hendrik Scheffer (1798 – 1862).

bundenheit hält die Familie zusammen. Wir trafen Scheffer in einem abgelegen Haus am Rand von Paris und wurden seiner sehr hübschen und liebenswürdigen englischen Frau[62] vorgestellt. In seinem Atelier sahen wir ein Bild seiner Mutter, einer wunderschönen zierlichen Frau, weiß gekleidet wie eine der Heiligen in der Offenbarung. Dann sahen wir sein berühmtes Bild *Francisca Rimini.* Es zeigte eine wolkige, dunkle, höllische Gegend, in der zwei unglückliche Liebende in Labyrinthen endloser Pein umherirren. Sein Gesicht liegt im Verborgenen, seine Haltung zeigt die äußerste Verzweiflung. Aber sie klammert sich an ihn – welche Worte wären angemessen für die Größe der Liebe, der Qual und endloser Duldsamkeit, die ihr in das schöne blasse Gesicht geschrieben stehen! Dieses Bild traf mein Herz wie ein Dolchstoß; ich empfand seine traurige, erlesene Schönheit als Kränkung meines himmlischen Vaters. Nein. Es ist nicht Gott, der unsterbliche, geduldige Liebe endlos mit Stürmen rachsüchtigen Zorns verfolgt. Ach! Jesus sagte zu Recht: „Gerechter Vater, die Welt kennt dich nicht!“[63] Der Tag wird kommen, an dem klar wird, dass die duldsame, unbesiegbare Liebe in der Geschichte der Welt nur von ihm kam und das Wort „lange leidend“ genau das meint, was es sagt. Trotzdem können die Kraft und der Pathos dieses Bildes nicht genug gepriesen werden. Die Farben sind wunderschön und obwohl es mir solchen Schmerz bereitete, war es für mich eines der faszinierendsten Kunstwerke, die ich je gesehen habe.

62 Scheffers Frau, Françoise Louise Sophie Lauzun-Marin (1805 – 1856), war Französin.

63 Johannes 17, 25.

Abbildung 32: Scheffer: Francisca Rimini, Ausschnitt, Hamburger Kunsthalle

Scheffer zeigte uns ein großes Bild, halb fertig, auf dem er darstellt, wie sich die Seele nach und nach über die Sorgen der Erde erhebt und zum Himmel aufsteigt. Es zeigt mehrere Gestalten – die, die der Erde am nächsten sind, sind gebeugt und überwältigt von vernichtendem, hoffnungslosen Kummer; unter ihnen befinden sich aber auch die, die nach oben schauen, und die Trauer in ihren Gesichtern weicht einer ängstlichen Frage. Die Personen über ihnen haben einen Blick auf die Quelle des Trostes erhascht und ihre Mienen zeigen feierliche Ruhe; noch weiter oben in luftiger Höhe Gestalten mit gefalteten Händen

Abbildung 33: Ari Scheffer: Christus Consolator

und nach oben gerichtetem Blick – vor ihren Augen wurde das Geheimnis enthüllt, das Rätsel gelöst, der Schmerz in Freude verwandelt. Einer von ihnen, der noch höher steht als der Rest, scheint durch das Tor des Himmels zu schreiten. Scheffer zeigte uns auch ein unvollendetes Bild der Versuchung Jesu. Hoch oben auf dem Gipfel eines Berges kniet Satan, eine vom Sturm zerzauste, unirdische Figur und zeigt ernst in die Ferne, wo die

Königreiche dieser Welt liegen. Sein Gesicht zeigt den lauernden Ausdruck gespannter Erwartung, als könne die Bitterkeit seiner eigenen ruinierten Ewigkeit durch diesen Erfolg wenigstens kurz Linderung finden. Es ist die Miene eines Generals, der sein ganzes Vermögen auf einen Würfel gesetzt hat. Die Gestalt Jesu konnte ich in ihrem unfertigen Zustand nicht beurteilen. Ob es dem Künstler gelingen wird, Kraft mit Sanftmut, den Kopf des Gottes mit der Gestalt des Menschen zu vereinen, bleibt abzuwarten. Bilder von Jesus sind meistens unbefriedigend, aber Scheffer ist meiner Vorstellung bisher näher gekommen als jeder andere Künstler. Die Experten sind geteilter Meinung über Scheffer. Einige sagen, er sei kein Maler. Nichts ist für mich so ohne Regel oder Kompass wie diese Welt der Kunst. Zersplittert in kleine Klüngel, jede mit eigenem Shibboleth, exkommunizieren Künstler einander ebenso eifrig wie Theologen. Ein Neuling, der mit ihrer Hilfe ein Urteil fällen sollte, müsste seine Meinung in jedem neuen Kreis ändern. Ich sehe mir deshalb alles mit eigenen Augen an – die sind nicht das Beste, das es gibt, aber das Beste, das Gott mir gegeben hat. Scheffer ist sicher ein Maler hohen Ranges. Seine Ideen sind wunderschön und religiös und sein Talent zur Darstellung gleich dem vieler alter Meister, die nichts Besonderes darzustellen hatten. Ich glaube, das größte Risiko für ihn war es, in einen immer gleichen Trott zu verfallen und sich zu oft zu wiederholen. Er hat eine Theorie über Farben, die Gefahr läuft, Kälte und geringe Wirkung zu entfalten. Seine Vorstellung war offenbar, dass ein Künstler bei der Darstellung religiöser Themen sinnliche Farbe vermeiden und nur sehr züchtige, strenge Töne verwenden sollte. Deshalb verwendet er viel Weiß, Hellblau und wolkiges Grau und vermeidet die Farbenpracht der alten Meister. Ich halte es für wahrscheinlich, dass es in himmlischen Regionen eher mehr leuchtende Farben gibt als auf der Erde.

Was kann herrlicher sein als der Regenbogen und dabei vollkommen frei von irdischer Grobheit? Und dennoch – wenn man sich Scheffers Bilder ansieht, haben sie einen so heiteren und spirituellen Charme, dass man sie eigentlich nicht anders haben möchte, als sie sind. Kein Künstler, den ich kenne, nicht einmal Raffael, vermag es besser, dem Gesicht eines Menschen durch einen erhabenen, unweltlichen Ausdruck Glanz zu verleihen. Sein Kopf der Jeanne d'Arc in Versalles ist ein bemerkenswertes Beispiel. Es ist eine Illustration des Bibelspruchs „Und als alle, die im Hohen Rat saßen, gespannt auf ihn blickten, erschien ihnen sein Gesicht wie das Gesicht eines Engels"[64]. Scheffer ist völlig besessen von der Idee, von der ich gesprochen habe – die protestantische Kunst auf ein Niveau zu bringen, das die öden Nachahmungen des Katholizismus überbietet. Das Vorhaben ist ehrenwert und wichtig. Ich habe das Gefühl, dass er Erfolg haben wird. Das höchste Lob für ihn kommt aus den reinsten Herzen. Ein Maler, der seine Palette nicht beweihräuchert und seinen Pinsel nicht vergöttert, der höhere Ideen als den Mechanismus kennt, wird immer von anderen Künstlern diffamiert werden, aber das menschliche Herz wird ihn immer akzeptieren.

64 Apostelgeschichte 6, 15.

Berlin

Meine Liebe,
jetzt sind wir in Berlin – eine wunderschöne Stadt. Diese Orte, die von Königen erbaut wurden, weisen natürlich einen einheitlicheren Stil auf als die, die im Lauf der Zeit gewachsen sind. Das Vorherrschen des griechischen Architekturstils, die Regelmäßigkeit und Breite der Straßen, die schönen Bäume, vor allem Unter den Linden, die man von unseren Zimmern aus sieht, faszinieren mich mehr als alles, was ich seit Paris gesehen habe. Warum Paris mich mehr bezaubert als andere, ähnlich berühmte Städte, kann ich nicht sagen, ebenso wenig wie ein Mann sagen kann, warum er von einer Dame hingerissen ist, die nicht schöner ist als tausend andere. Vielleicht ist es der Charme der Leute, die ich dort kenne, der es so sonnig wirken lässt.

Abbildung 34: Brandenburger Tor als Abschluß der Straße Unter den Linden

Abbildung 35: Friedrich Wilhelm IV. von Preußen. Gemälde von Franz Krüger

Heute Nachmittag besichtigten wir mit einem Fremdenführer zunächst den königlichen Palast. Die neue Kapelle, die gerade auf Geheiß des derzeitigen Fürsten[65] erbaut wird, ist von runder Form und hat eine Kuppel, die hundertdreißig Fuß hoch ist. Zwischen den Türen befinden sich drei runde Nischen mit Fresken von Propheten und Aposteln. Über einer Tür prangt Christi Geburt – über der zweiten die Auferstehung – ebenfalls als Fresken. An den Wänden ringsum eine etwas bunte Mischung von

65 Friedrich Wilhelm IV. (1795 – 1861), 1840 bis zu seinem Tod König von Preußen.

Bildern, fand ich – zum Beispiel Jan Hus, die heilige Cäcilia, Melanchthon, Luther, mehrere Frauen, Heilige, Apostel und Evangelisten. Diese Bilder stammen alle von den besten deutschen Künstlern. Der Boden ist ein prächtiges Mosaik und die Spitze der Kuppel reichlich mit Fresken verziert. Trotz ihrer Schönheit fehlte mir in der Kapelle die Einheit der Wirkung. Man bewundert die Details zu sehr, um das Ganze zu schätzen. Wir schritten durch die Zimmer des Palastes. Die Gemälde dort können denen in Windsor nicht das Wasser reichen. Die schönsten Königsbilder wurden ins Museum überführt. Ein wunderbarer Vandyke[66], in dem er einen großen Hund erscheinen ließ – etwas Abwechslung von seinen ewigen Pferden. Auch Davids[67] Bild von Bonaparte, der die Alpen überquert, war dabei. Mrs. P.[68] hat ja einen Kupferstich davon und Du kannst ihr sagen, dass der viel beeindruckender ist als das Gemälde. Gegenüber hängt Blücher[69] und sieht so liebenswürdig aus, wie man sich den Kapitän eines Regiments von Mastiffs vorstellt. Unser Fremdenführer wies auf das Porträt von Napoleon und sagte mit unverhohlenem Stolz: „Das hat Blücher aus Paris mitgebracht. Er sagte, Napoleon habe so viele Bilder aus anderen Ländern nach Paris geschafft, dass er nun selbst weggebracht werden sollte.“

Wir sahen Porträts von Königin Luise – sehr schön –, von Königin Victoria, ein Geschenk, und eines der russischen Zarin[70], von letzterer auch eine Statue. Der Ballsaal enthielt eine Siegesstatue von Rauch[71], eine wunderschöne Frauengestalt, und man sagte uns, das Vorbild sei seine eigene Tochter gewesen. Er

66 Antoon van Dyck (1599 – 1641), flämischer Maler.
67 Jacques-Louis David (1748 – 1825), französischer Maler.
68 Mrs. P. konnte nicht identifiziert werden.
69 Gebhard Leberecht von Blücher (1742 – 1819), preußischer Generalfeldmarschall.
70 Charlotte von Preußen (1798 – 1860), durch Heirat mit Nikolaus I. als Alexandra Fjodorowna Zarin von Russland.
71 Christian Daniel Rauch (1777 – 1857, deutscher Bildhauer.

gestand ihr immerhin leichte Bekleidung zu, was für einen Künstler sehr väterlich ist.

Abbildung 36: Berliner Stadtschloß um 1900 mit Kaiser-Wilhelm-Denkmal im Vordergrund

Die Palastzimmer waren prächtig – die Wände mit silbernem und goldenem Seidendamast tapeziert, in den der preußische Adler eingewoben war. Im Krönungssaal war eine Unmenge an Geschirr aus Gold und Silber ausgestellt. Der Fremdenführer war nicht wenig stolz auf „unseren“ König, auf Prinzen und Paläste. Die Leute hängen so selbstverständlich an Macht und Pracht, wie Moos auf einem Felsen wächst. Vielleicht hat es seinen Grund in der menschlichen Natur – denk nur an die alten Israeliten, die nicht zur Ruhe kamen, bis sie einen König hatten. Der Fremdenführer sagte uns, dass es neunhundert Zimmer seien, er uns aber nur die besten zeigen würde. Wir wussten diese Barmherzigkeit zu schätzen.

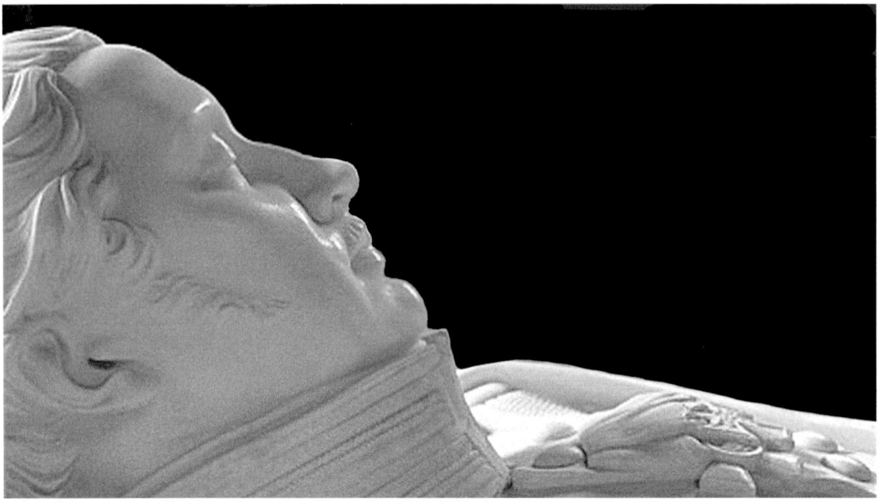

Abbildung 37: Sarkophag für Friedrich Wilhelm III. von Rauch

Dann fuhren wir nach Charlottenburg, um uns das Mausoleum anzusehen. Ich weiß nicht, was mich je tiefer berührt hätte – nicht so sehr die schöne, lebensechte Skulptur der Königin, sondern eher die des Königs[72], ihres Mannes, erschaffen von demselben Künstler[73]. Solch ein Ausdruck lang ersehnter Ruhe, nach Leid und Mühe, liegt auf dem Gesicht! So milde, so himmlisch! Dort, wo er Jahr für Jahr gebetet hatte – hoffend, sehnsüchtig –, dort ruht er endlich, nachdem die lange Qual seines Lebens ein Ende hatte! Mein Herz schmolz, als ich die beiden sah, die so lange getrennt gewesen waren – er so lange ein Trauernder, sie so lange betrauert – jetzt ruhen sie Seite an Seite in ruhigem Schlaf.

Wir sahen den Schreibtisch des Königs in seinem Arbeitszimmer, so wie er ihn hinterlassen hatte. Sein Schreibtisch ist so schlicht wie Deiner. Männer, die wirklich etwas tun wollen, brauchen keine phantastischen Werkzeuge. Sein Schlafzimmer

72 Friedrich Wilhelm III. (1770 – 1840), von 1797 bis zu seinem Tod König von Preußen.

73 Christian Daniel Rauch, (1777 – 1857).

ist auch von geradezu asketischer Einfachheit. An den Wänden hingen mehrere Stiche und im Vorzimmer eine Büste und ein Medaillon von Kaiserin Eugenie[74] – etwas, das ich im Palast eines geborenen Königs nicht erwartet hatte, aber Schönheit ist heilig, und Könige können sie nicht als Aufsteigerin bezeichnen.

Abbildung 38: Winterhalter: Kaiserin Eugenie

Dann gingen wir in das Schlafzimmer der Königin, ganz in Grün gehalten, und dann durch die Zimmer von Königin Luise. Die Zeichen ihrer Anwesenheit, die Du zu Lebzeiten des alten Königs gesehen hast, sind beseitigt worden; wir sahen keine Spur von ihren Kleider, Handschuhen oder Büchern.

74 Eugénie de Montijo (1826 – 1920), als Ehefrau Napoleons III. 1853 – 1870 Kaiserin der Franzosen.

In einem Raum, ganz in Weiß und Rosa gehalten, war die Zarin von Russland geboren worden.

Abbildung 39: Denkmal Friedrich Wilhelm III. im Berliner Tiergarten

Auf dem Weg nach Charlottenburg fuhren wir durch den Tiergarten, die Tuilerien von Berlin. An einer der ruhigsten und abgelegensten Stellen steht das Denkmal, das die Berliner ihrem alten König errichtet haben. Der Sockel ist aus Carrara-Marmor, wunderschöne Szenen, sogenannte Gartenfreuden, wurden eingemeißelt – Kinder, die draußen alles Mögliche spielten, und Eltern, die liebevoll zuschauten. Es ist bezaubernd und passt besonders gut in diese Gärten, in denen es immer von Eltern und Kindern wimmelt. Das Ganze wird überragt von einer weißen Marmorstatue des Königs – die schönste Darstellung von ihm, die ich je gesehen habe. Nachdenklich und doch gütig wirkt der alte König wie ein guter Vater, der seinen Kindern ernst und wohlwollend beim Spielen zusieht. Diese von Moos überwucherten Gärten hatten etwas so Ländlich-Idyllisches an sich, dass sie mir sofort besser gefielen als alles, was ich bisher in Europa gesehen hatte. Hier und da wurden in geschützten Ecken erlesene Blumen gepflanzt, als seien sie zufällig dort gewachsen, und so ist mitten in der sorgfältigsten Gartenarbeit die Atmosphäre süßer, natürlicher Wildheit erhalten geblieben. Die Leute scheinen sich hier weniger demonstrativ und weniger lebhaft zu amüsieren als in Frankreich, dafür aber mit einer ruhigen Innerlichkeit. Jede Nation hat ihre eigene Art, glücklich zu sein, und der Lebensstil einer jeden entspricht ihrem Charakter. Die heitere, lebhafte Stimmung in den Tuilerien passt genau zu der beweglichen, überschäumenden Quirligkeit der dortigen Gesellschaft. Beide sind auf ihre Weise schön, aber diese hier wirken weniger formell und stehen mehr im Einklang mit der Natur.

Abbildung 40: Hohenzollern-Schloß Monbijou in Berlin; im 2. Weltkrieg zerstört und danach abgerissen

Als wir nach Hause fuhren, nannte uns unser Fremdenführer, der ein eingefleischter Monarchist war, mit einigem Stolz die Zahl der Paläste in Preußen. Zu meiner Überraschung mischte sich plötzlich „das junge Amerika“ in Gestalt des kleinen G. in das

Gespräch ein. „In Amerika gehen wir die Dinge ökonomischer an. Unser Präsident hat keine sechzig Paläste, er muss sich mit einem Weißen Haus zufrieden geben." Der Fremdenführer stimmte eine leidenschaftliche Verteidigungsrede auf König und Vaterland an. Diese Paläste – hatte der König die nicht für sein Volk? Trug er nicht alle Kosten für ihren Unterhalt, damit sie öffentliche Parkanlagen verschönerten? Hatten wir nicht gesehen, wie die Leute hier spazieren gingen und sich amüsierten?

Das war alles wahr und wir stimmten ihm zu. Der Fremdenführer fuhr fort: Nahm der König nicht öffentliche Gelder nur deshalb an, um wunderbare Museen für das Volk zu errichten, in denen die Leute die schönen Künste studieren konnten? Und tat unsere Regierung irgend etwas dergleichen? Ich dachte an unseren Überschuss in der Staatskasse und biss mir auf die Zunge. Aber gerade die Auffassung, dass der König Dinge zum Wohle des Volkes bewahren soll, ist ein Fortschritt für das demokratische Prinzip. Die Zeiten haben sich geändert, seit Ludwig XIV. beim Blick auf eine Menschenmenge von seinem Hauslehrer hörte „Die gehören alle Ihnen" und sagte: *„L'etat, c'est moi."*

Unser Fremdenführer schien sich jedoch verpflichtet zu fühlen, sich bei dem Vergleich unserer Nachteile mit den eigenen Vorteilen völlig zu verausgaben. „Einige Preußen sind nach Amerika ausgewandert", sagte er, „und sie mussten zurückkommen, weil sie nicht dort leben konnten."

„Warum nicht?" fragte ich.

„Oh, sie sagten, dort sei nichts zu tun – außer arbeiten und in die Kirche gehen!"

„Das stimmt", sagte W. mit beachtlicher Ernsthaftigkeit.

„Ja", sagte unser Fremdenführer, „sie sagten, wir hätten nur das eine Leben und sollten es ein wenig genießen."

Es ist eine seltsame Tatsache – je freier und selbstbestimmter ein Land ist, desto weniger öffentliche Amüsements hat es zu bieten. Amerika und Schottland haben die wenigsten und Italien die meisten. Trotzdem halte ich diesen Zustand nicht für wünschenswert – die Einführung unschuldiger öffentlicher Vergnügungen ist etwas, das wir ernsthaft in Erwägung ziehen sollten. In Berlin und allen anderen deutschen Städten gibt es Gärten und öffentliche Grünanlagen, in denen täglich ausgezeichnete Konzerte und andere interessante Veranstaltungen stattfinden. Der Eintritt ist sehr niedrig. Diese verfeinern das Gefühl und kultivieren den Geschmack; in Amerika wären sie ein gutes Gegengewicht für die Neigung zu dem elenden Materialismus, der eine unserer großen nationalen Gefahren ist.

Abbildung 41: Altes Museum in Berlin hier auf einem Stahlstich aus dem Jahre 1863

Wir sahen uns das Berliner Museum an. Es ist geprägt vom griechischen Stil, dem aber der deutsche Geist Leben eingehaucht hatte. Es ist die prächtigste und eindrucksvollste Kombination künstlerischer Leistungen, die ich je gesehen habe. Hier sind die großartigen Fresken von Kaulbach[75], Cornelius[76] und anderen deutschen Künstlern, die griechische Ideen so in deutschen Boden gesät haben, dass das Gewächs das Laub und die Farben einer neuen Pflanze hat. Eine geradezu magische Wirkung hatte auf mich eine Reihe von Fresken, die die Landschaft und das Klima Griechenlands zeigen. Ach! Es gab nie das Griechenland, das wir wahrnehmen; wir sehen es durch den rosaroten Nebel der Ferne, wie ein Tal in den Alpen, das von wolkenverhangenen Bergen umschlossen ist, aber dort sammelt sich der gleiche dichte Staub des Alltagslebens wie hier bei uns. Das wahre Arkadien liegt jenseits des Grabes. Die Bildersammlung ist reich an historischen Kuriositäten – und wertvoll, weil sie den Fortschritt der Kunst dokumentiert. Claude Lorrain war ein unerreichtes Beispiel – der Sieger über all die Schwierigkeiten beim Malen einer grünen Landschaft.

Wittenberg

Meine Liebe,
ich bin auf dem Bahnhof von Wittenberg. Ich habe heute für Dich Augen und Ohren offen gehalten und sitze nun hier, um die Erlebnisse meines Morgens zu Papier zu bringen.

„Was macht Ihr hier von Wittenberg?“[77] Wittenberg – der Name der verträumten Vergangenheit, dank Shakespeare vage verbunden mit Hamlet, Dänemark, den Zinnen der Burg im

75 Wilhelm von Kaulbach (1805 – 1874), deutscher Maler.
76 Peter von Cornelius (1783 – 1867), deutscher Maler.
77 Shakespeare, *Hamlet,* 1. Akt, 2. Szene.

Mondlicht und der Ostsee, aber lebendiger geworden durch die, die hier dachten, liebten und starben, nein, durch die, die nicht sterben können und deren Leben für alle kommenden Generationen mit der Stadt verknüpft ist. Es ist ganz natürlich, dass man bei der Ankunft in einem Ort, über den man viel gehört und gegrübelt hat, etwas Ungewöhnliches, Seltsames, Faszinierendes! Nichts dergleichen war zu sehen, nur die tote Ebene dieser sehr flachen Landschaft mit ihrer öden, prärie-ähnlichen Eintönigkeit. Es war sicher nicht diese Umgebung, die Luthers Seele erweckte und ihn die Thesen an die Wittenberger Kirchentür schlagen ließ.

„Aber lasst uns trotzdem nach Wittenberg fahren", sagte ich, „nehmen wir uns einen Fremdenführer und eine Kutsche." Ich ging von einem Fenster des Bahnhofsgebäudes zum nächsten und hielt nach etwas Wunderbarem Ausschau. Es war jedoch nichts in Sicht und nach dem üblichen Schwall gutturaler Laute, der in diesem Land jeder Abmachung vorausgeht, bestiegen wir eine hohe, wacklige Kutsche und fuhren in die Stadt. Das erste, was mir ins Auge stach, waren zwei alte runde Türme und eine Mauer, dann eine Zugbrücke, ein Torbogen und ein Fallgatter. Wir fuhren durch das Tor und zur Rechten befand sich die Kirche, in der die abgezehrte Gestalt lag, die so vielen Wirbelstürmen standgehalten hatte – wo, in einem Wort, Luther begraben war. Aber das wussten wir zu dem Zeitpunkt nicht, also fuhren wir vorbei und gingen in ein Hotel.

Wir sprachen Englisch und hörten Deutsch, wir versuchten es mit Französisch, aber ohne mehr Erfolg. Zuletzt gelang es W., G. und dem Wörterbuch, zu erklären, dass wir einen Fremdenführer für Luthers Grabstätte wollten. Nach einer Weile erschien der Fremdenführer in Gestalt einer kleinen Frau, die kein Englisch konnte und der wir mit dem Wörterbuch in der Hand folgten.

Abbildung 42: Martin Luther auf dem Totenbett, von Lucas Cranach d. Ä. (Ausschnitt)

Die Kirche ist alt und von außen recht eindrucksvoll; von innen ist sie riesig, kalt, verputzt und prosaisch. Bei dem Anblick kommt nur wenig Gefühl auf. Wir gingen zu der Stelle im

Boden, wo unsere Fremdenführerin eine Falltür öffnete und uns eine Platte zeigte, auf der Luthers Name stand. Eine weitere Platte daneben markierte die Ruhestätte seines geliebten Philipp Melanchthon. Weiter ging es zum Grab Johann des Beständigen[78], Kurfürst von Sachsen, auf einer Seite Luther in Lebensgröße, gemalt von Lukas Cranach, auf der anderen Melanchthon von demselben Künstler. Das war alles, was wir zu sehen bekamen.

„Er liegt nicht hier, er wurde weggebracht."

„Ist das alles?"

„Alles", sagte unsere Fremdenführerin, und wir gingen hinaus.

Ich schaute mir neugierig die alte Tür an, an die Luther seine Thesen genagelt hatte, aber selbst das ist nicht mehr dieselbe Tür; die wurde von den Franzosen zerstört. Und dennoch – unter diesem Torbogen stand er mit Hammer und Nägeln in der Hand, er hielt sein Papier hoch, rückte es zurecht, klopf, klopf – ein Nagel hier – ein anderer da – da hängt das Papier, und er steht da und sieht es an. Über seinem Kopf wölbte sich der gleiche steinerne Bogen wie jetzt über meinem, den gleichen Boden hatte er unter den Füßen. Als ich mich abwandte, warf ich einen eingehenden Blick auf die Kirche. Gras wächst auf ihren Pfeilern, sie sieht verwahrlost aus, wenn auch immer noch beeindruckend.

Die Reisegesellschaft zog weiter, und ich beeilte mich, sie einzuholen. Wir gingen hinunter und taten Buße auf dem Kopfsteinpflaster, und unser nächster Halt dauerte nur kurz. Auf dem Marktplatz vor dem Stadthaus (ein großes Gebäude mit drei Giebeln, wie ein Tier mit drei Hörnern) steht Luthers Bronzedenkmal, dicht umgeben von Frauen, die Äpfel, Birnen, Zwie-

78 Johann der Beständige (1468 – 1532), 1525 bis zu seinem Tod Kurfürst von Sachsen.

beln und Rüben verkaufen und auf gute Geschäfte hoffen. Dort stand Luther und schaute freundlich, er hielt eine offene Bibel und zeigte darauf, während die Frauen dachten, wir wollten Obst kaufen. Sie hielten ihre Waren hoch und sprachen Deutsch.

Aber unsere Fremdenführerin stapfte mit dem Schritt ihrer Zunft voran, unaufhaltsam wie das Schicksal, also gingen wir weiter. Wittenberg ist jetzt eine hässliche kleine Stadt, alles sieht arm und dürftig aus, aber es wirkt wie ein Ort, der schon bessere Tage gesehen hat. Einige Häuser, die jetzt als bescheidene Läden genutzt werden, haben geschnitzte Eichentüren mit grotesken Fratzen, die offenbar zeigen sollten, dass die einstigen Besitzer sich Extravaganzen leisten konnten. Diese Häuser wirken wie ein Blendwerk vornehmer Leute – in der verblichenen, matten, altmodischen Pracht vergangener Tage. Unsere Reiseführerin blieb plötzlich vor einem Haus stehen und verkündete, es sei das von Lukas Cranach. Lukas ist tot und seine Frau Magdalena[79] ebenfalls, also war niemand da, der uns willkommen heißen konnte; wir gingen deshalb weiter. Lukas war auch schon einmal zuverlässiger.

Jetzt kamen wir zu Luthers Haus – einem Teil des alten Klosters. Das steinerne Tor zum Hof gähnte uns weit offen entgegen, eine grinsende Fratze schaut grotesk von seiner Mitte auf uns herunter, an den Seiten ist Sonderbares eingemeißelt. Eine Schwalbenkolonie hat sich zwischen den seltsamen Figuren und Gnomengesichtern eingenistet; die Bewohner fliegen ein und aus und beaufsichtigen ihren Haushalt.

79 Magdalena Cranach, geb. Schurff (1531 – 1606), zweite Frau Lukas Cranachs d. J., Nichte Philipp Melanchthons.

Abbildung 43: Katharinen-Portal am Lutherhaus in Wittenberg

Wir betraten einen Hof, umgeben von Gebäuden, schritten durch ein seltsames Tor und stiegen eine Wendeltreppe hinauf, vorbei an kleinen, rautenförmigen Fenstern. Diese Stufen hat *er* oft erklommen, in all den Stimmungen seiner vielseitigen wunderbaren Natur – fröhlich, vergnügt, glühend, trotzig, bittend – und nicht nur er, sondern auch wissbegierige Besucher, die aus allen Teilen der Welt herbei strömen, um den Mann des Jahrhunderts zu sehen. Philipp Melanchthon, Lucas Cranach und ihre Frauen, alle waren sie hier, um zu sehen, wie es Luther nach einer kurzen Reise oder einer neuen Bewegung ging.

Nun ist alles vergangen und dahin, verlassen, die Treppen schmutzig und die Fensterscheiben trübe. Und hier war Luthers Zimmer. Zu seiner Zeit war es schön, das war nicht zu übersehen. Die Fensternischen mit ihren Bögen, die Kassettendecke, die ebenso wie die Wände und Friesen mit Fresken bemalt war, die Fenster mit ihren ulkigen runden Scheiben – alles, was jetzt so verschmutzt und abgenutzt ist, kündet doch deutlich von Zeit, in der hier Leben herrschte und alles vor Freude strahlte. In diesem Zimmer labte sich sein Herz am häuslichen Glück und trieb ihn zu den schwärmerischen Beschreibungen, in denen er das Familienleben preist und die erhalten geblieben sind. Hier seine kleine Magdalena[80], sein kleiner Johannes, und die anderen machen fröhlich Lärm.

Dort steht sein Schreibtisch, eine gewaltige Masse aus Holz, plump wie die Zeit und ihre Verrücktheiten, jetzt auf seine alten Tage rauer denn je und zum Teil abgeschabt von Souvenirjägern. Hier saß er, hier lag sein Papier, über diesen Tisch beugte sich der Kopf, dessen geistige Macht das Erdbeben Europas auslöste. Hier schrieb er Bücher, die, wie er sagte, in allen

80 Luthers Kinder: Johannes (1526 – 1575) (Harriet Beecher-Stowe nennt ihn „Jacky“), Elisabeth (1527 – 1528), Magdalena (1529–1542), Martin (1531 – 1565), Paul (1533 – 1593), Margarete (1534 – 1570).

Sprachen der Welt aus den Buchdruckereien regneten, hagelten und schneiten. Könige und Kaiser konnten den Einfluss nicht dämmen, der von seinem Schreibtisch ausging, und hier hat er zweifellos gerungen, gekämpft und gebetet. Tränen, wie nur er sie vergießen konnte, sind auf diesen Tisch gefallen. Aber der Tisch sagt nichts darüber. Er steht nur da als armes, klobiges Überbleibsel der Vergangenheit, der Engel und seine Inspiration sind in den Himmel aufgefahren.

Abbildung 44: Lucas Cranach d.Ä.: Katarina von Bora

Katharinas Schrank mit seinem schönen Schnitzwerk, den großen Blumensträußen aus Eichenholz, die zwischen den Glaswänden hängen, zeigt Luthers Tasse. Hier befindet sich auch sein gesticktes Porträt, mit dem sie sich zweifellos viel Arbeit gemacht hat – sie hat reichlich Goldfaden verwendet. Ich sehe vor mir, wie ihr der kühne Entwurf in den Sinn kam. Sie wollte den Doktor lebensecht darstellen, fragte Magdalena Cranach um Rat und Magdalena fragte Lukas. Sie diskutierten lange und Lukas machte kluge Vorschläge. Im Lauf vieler Gespräche am Kaminfeuer wächst das Bild. Philipp und seine Katharina[81] kamen vorbei und sahen es sich an. Der kleine Johannes und Magdalena blickten ihrer Mutter vorsichtig über die Schulter, waren tief beeindruckt und hielten ihre Mutter für eine großartige Frau. Luther nahm es in die Hand, machte ein paar Witze darüber, die alle zum Lachen brachten, und zuletzt wurde es ein sehr naturgetreues Bild. Armes, verblichenes, abgenutztes Ding! Jetzt sieht es aus wie ein Gespenst.

In einer Ecke stand ein Kunstwerk Luthers – nichts Geringeres als ein Ofen nach seinem Entwurf. Es ist eine große, schwarze, eiserne Pyramide, vertäfelt, und jede Kachel zeigt ein Thema aus der Bibel. Wenn man sein Alter bedenkt, ist dieser Ofen wirklich beeindruckend; einige der Figuren wirken lebendig und gut durchdacht, auch wenn sein Glanz, wie alles hier, von Staub und Schmutz verdunkelt wird. Warum lassen die Deutschen diesen Ort so herunterkommen? Shakespeares Zimmer werden sauber gehalten und renoviert, die Katholiken verwahren die Reliquien ihrer Heiligen in goldenen und silbernen Schreien, aber dieses protestantische Mekka wird buchstäblich den Maulwürfen und Fledermäusen überlassen.

Ich schaute aus einem der seltsamen Fenster in den Hof hinunter, der inmitten der Universitätsgebäude liegt. Ich stellte mir die alten Zeiten vor, in denen die Studenten mit ihren Mützen und Büchern hier ein und aus gingen. Ich dachte an den Aufruhr, der hier herrschte, als der Papst seine Bulle gegen Luther erließ

81 Katharina Melanchthon, geb. Krapp (1497 – 1557), Philipp Melanchthons Frau. Harret Beecher Stowe nennt sie „Kate“.

und an das Getrappel der Füße und das Durcheinander in diesem Hof, als Luther sich aufmachte, um die päpstliche Bulle unter der Eiche zu verbrennen, gleich hinter der Stadtmauer ganz in der Nähe. Die Studenten fanden es amüsant – Studenten sind ja immer fortschrittlich. Sie bewunderten den alten Knaben für seinen Mut, sie warfen ihre Mützen in die Luft, jubelten und sahen sich die Zeremonie an. Philipp Melanchthon fragte sich, ob Bruder Martin nicht ein wenig zu weit ging, aber er hoffte, dass Gras darüber wachsen und alles gut werden würde! Als ich hinausging, schaute ich sehnsüchtig zum Stadttor und wollte zu dem Platz mit der Eiche gehen, an dem die Zeremonie stattgefunden hatte, aber die Gruppe war schon weitergegangen.

Abbildung 45: Das Lutherhaus zu Wittenberg

Abbildung 46: Stadkirche zu Wittenberg auf einer alten Postkarte

Als wir zurückkamen, machte ich eine Pause vor dem Haus mit der Inschrift: „Hier lebte Melanchthon, arbeitete und starb.“ Es war zu seiner Zeit ein sehr schönes Haus, seine Architektur glich dem des Lutherhauses. Ich überquerte die Straße, um einen besseren Blick zu haben, und da die große Tür offen stand, nahm ich mir die Freiheit, einzutreten. Wie andere Häuser auf dem Kontinent hatte auch dieses einen Bogengang, der zu einem Hinterhof und einer Seitentür führte. Eine Steintreppe führte von dort ins Haus und durch ein kleines quadratisches Fenster mit kleinen runden Scheiben sah man in den Gang. Ein kleines Kind tapste dort umher und ich sprach es an; ein Mann kam heraus und sah aus, als frage er sich, was ich vorhabe, also zog ich mich zurück. Dann machte ich mich auf den Rückweg – vorbei an seltsamen Gebäuden mit spitzen Dächern in einen gepflasterten Hof, wo die alte Kirche stand – sie hatte Ähnlichkeit mit der in Halle, ein großes gotisches Bauwerk mit zwei hohen Türmen, verbunden durch eine Galerie. Ich trat ein.

Wie die andere Kirche ist sie verputzt und hat nur wenig architektonische Besonderheiten. Sie ist sehr groß, hat zwei Galerien, eine über der anderen, und wahrscheinlich Platz für ungefähr fünftausend Personen. Hier hat Luther gepredigt. Von diesen Wänden, die jetzt so still sind, hallte der Klang der Stimme wider, der katholische Autoren einen überirdischen Zauber zuschrieben, so sehr riss sie alle Zuhörer mit. Um diese Säulen scharten sie sich, auf diesem Boden standen sie, unzählige Menschen – welches Herzklopfen, welche Wogen der Gedanken, welcher Sturm der Gefühle, welche Erwartungen, welches Streben, welche Konflikte erschütterten die Menge und ergriffen Besitz von ihr, als er sprach! „Ich predige", sagte er, „nicht für diesen oder jenen Professor und auch nicht für den Kurfürsten oder Prinzen, sondern für den armen Hans hinter der Tür."[82] Und indem er nur die Saiten berührte, die allen Herzen gemeinsam sind, erreichte er alle, denn wer die Analphabeten und Armen begeistern kann, die durch Unwissenheit und Mühsal abgestumpft sind, kann auch die besser Gebildeten bewegen. Hier sang er auch mit seiner Stimme, die den Chor und die Orgel übertönte, den Alt in den Chorälen, die er der Welt geschenkt hat.

Monmouth, in dieser Kirche von tausend Stimmen gesungen, muss überwältigend klingen. Das Altarbild ist ein Letztes Abendmahl von Lukas Cranach, der im Vordergrund als Diener

82 Das Zitat lautet korrekt: „Ich predige nicht für Magister Philippus oder Dr. Pomeranus, sondern für Hans und Gretgen." Mit „Magister Philippus" ist Melanchthon gemeint, mit „Dr. Pomeranus" Johannes Bugenhagen.

erscheint. Zu beiden Seiten sieht man Bilder der Sakramente. Bei der Taufe steht Melanchthon neben einem Becken und hält ein tropfnasses Baby, das er gerade ins Wasser getaucht hat – eines von Luthers Kindern, nehme ich an, denn Luther steht auch dabei – eine ehrenwerte Gestalt mit langem Bart hält das Handtuch, um den kleinen Neuling in Empfang zu nehmen. Nach allem, was ich über Babys weiß, fürchte ich, dass es bei dieser Form der Taufe oft zu unerwünschten Nebenwirkungen kommt.

Auf der anderen Seite steht Luther und predigt und gegenüber, ganz vorn im Publikum, sitzen Katharina und ihr kleiner Sohn. Alles zeigt, wie eng der Kontakt zwischen Luther, Melanchthon und Cranach war; sie hatten eine gute, gesellige Zeit miteinander. Eine reich verzierte Platte kennzeichnet die letzte Ruhestätte von Lucas und Magdalena Cranach.

Abbildung 47: Cranach: Altar in der Stadtkriche zu Wittenberg

Ich verließ die Kirche und ging langsam zum Hotel. Unterwegs kaufte ich in einem kleinen bescheidenen Laden ein paar annehmbare Stiche von Luthers Zimmer, der Kirche etc. Um zu beweisen, dass sich in Wittenberg seit Luthers Tod nichts verändert hat. Lass mich erwähnen, was wir auf dem Rückweg über den Marktplatz sahen – einen Verkaufsstand für Schuhe. Etwa ein Dutzend Exemplare standen auf einem Tuch nebeneinander und sahen genau so aus wie die von Luther, die wir in Frankfurt gesehen hatten – klobig, plump und ohne Absätze. Ich habe gehört, was Swedenborg[83] über seinen Besuch in der Welt des Unsichtbaren gesagt haben soll – dass er einer Sorte von Geistern begegnet sei, die schon seit fünfzig Jahren dort gewesen seien und noch nicht mitbekommen hätten, dass sie tot waren. Diese Wittenberger, denke ich, müssen dieselbe konservative Einstellung haben.

Abbildung 48: Lucas Chranach d.J.: Abendmahl der Reformatoren. Johanniskirche Dessau

83 Emanuel Swedenborg (1688 – 1772), schwedischer Wissenschaftler, Mystiker und Theosoph.

Da wir keine Kutsche zum Bahnhof bekommen konnten, machten wir uns zu Fuß auf den Weg. Vor der Kirche hielt ich einen Moment inne, um ein paar kleine Korrekturen und Verbesserungen an den Zeichnungen vorzunehmen. Dabei dachte ich an eine ganz andere Szene, die Jahre zurücklag – den Tag, an dem Luthers Sarg durch dieses Tor getragen und von Tausenden weinender Menschen begleitet wurde. Diese Steine, auf denen ich stand, hallten die ganze Nacht von den Schritten einer dichtgedrängten Menge wider – ein dumpfer Klang, wie Regen, der auf Laub fällt. Während der langen, dunklen Stunden ertönten das hemmungslose Schluchzen der Massen und der große Choral aus Luthers Psalmen; der Text und die Musik stammten von ihm. Seit dem Beginn der Welt hatte es noch keine so seltsame Szene gegeben. Ich spürte eine Art Schatten davon, als ich nach Hause ging und in die flache, verträumte Ferne starrte. Die Flügel einer großen Windmühle quietschten träge auf ihrer Runde – merkwürdige, koboldhafte Dinger, diese Windmühlen – und ich dachte an Luthers Ausspruch: „Bischoff Albrecht von Mäynß, hat pflegen zu sagen/ daß das menschliche Hertz sey gleich wie ein Mühl-Stein auff der Mühle/ wenn man Korn darauff schüttet/ so läuft er umher/ zureibet und zumalmet/ und macht es zu Mehl; ist aber kein Korn vorhanden/ so läufft gleichwohl der Stein umher/ aber er zerreibet sich selbst …“[84] Luther versuchte in der ersten Hälfte seines Lebens das Letztere, aber er bekam schließlich das Korn und machte wunderbares Mehl daraus.

Als wir am Bahnhof ankamen, erfuhren wir, dass wir bis halb sechs Uhr abends auf den Zug warten mussten. In den trostlosen Vorhöfen englischer oder amerikanischer Bahnhöfe wäre das ein vernichtendes Urteil gewesen, aber nicht in einem deutschen.

84 Zitat aus Luther: Colloquia, oder Tisch-Reden und andere Christliche sehr erbauliche Gespräche Des Hocherleuchteten Mannes Gottes D. Martin Luthers. Leipzig 1700.

Wie üblich hatte auch dieser einen schönen Garten, geschmackvoll angelegt, und überall leuchteten und dufteten Verbenen, Fuchsien, Heliotrop, Reseda und Stiefmütterchen. Reihen von Treibhausblumen wuchsen im Schutz sorgfältig gestutzter Hecken und gaben der Szene Farbe. In dieser schönen Anlage fehlten auch Bänke und Gehwege nicht, und ein Gärtner – mit seiner geliebten Pfeife im Mund – stapfte umher und goss seine geliebten Blumen. Er vereinte die beiden Freuden der Deutschen, Blumen und das Rauchen.

Diese Deutschen sind ein sonderbares Volk, eine Mischung aus Lehm und Elan – mit ihrem Biertrinken, Rauchen und ihrer behäbigen Art hält man sie für vollkommen weltlich, aber trotzdem brennt ein ätherisches Feuer in ihnen. Es versprüht unerwartet Funken von Poesie und Gefühl, so wie an einem Kaktus Blüten zum Vorschein kommen.

Der Wartesaal im Bahnhof war auch schön – hübsch bemalt mit Fresken, außerdem gab es zwei Sofas. Wir setzten uns, S. und ich widmeten uns unseren Stickereien und C las uns vor oder versuchte sich auf der Amati. Als wir genug Lektüre und Musik gehört hatten, spazierten wir durch den Garten und ich schrieb an Dich. Ich frage mich, warum wir Angelsachsen dem Kontinent bezüglich seiner Bahnhöfe nicht nacheifern können – dann würden wir dem Reisenden einen angenehmeren Anblick bieten als die grimmigen, abschreckenden Stätten, die zur Zeit in England und Amerika das Bild beherrschen.

Dieses Wittenberg ist nur ein bescheidenes Städtchen – und gibt sich doch so viel Mühe, den Bahnhof gemütlich zu gestalten! Ich stelle hiermit fest, dass Zugfahren in Europa nirgendwo so entspannt ist wie in Deutschland, vor allem in Preußen. Alles ist systematisch und geordnet, keine Eile oder Gedränge oder lästiger Aufwand an den Bahnhöfen. Die Abteile zweiter Klasse sind in fast jeder Hinsicht so gut wie die der ersten Klasse in

England, die Schaffner sind höflich, man rollt in sehr angenehmer Geschwindigkeit von einem schönen Bahnhof zum nächsten und ist mit allem zufrieden. Das Ganze hat nur einen Nachteil – das Rauchen. Man könnte meinen, diese Deutschen seien von Schornsteinen geboren und hätten das Bedürfnis zu rauchen im Blut. Ein Deutscher ohne Pfeife ist nur ein ruhender Vulkan, es liegt in seiner Natur, die ganze Zeit zu rauchen, und man kann sicher sein, dass der Krater bald anfängt zu qualmen. Rauchen ist so ein anerkanntes Kennzeichen der Männlichkeit, dass das schwache Geschlecht offenbar resigniert hat und es als unveränderliche Naturgegebenheit betrachtet. Folglich riechen alle öffentlichen Orte, an denen beide Geschlechter vertreten sind, nach Tabak! Man kann erleben, dass ein Herr einer Dame ein Kompliment macht und dabei eine Zigarre im Mund hat – dann erfreut er sie abwechselnd mit einer Liebenswürdigkeit und einer Rauchwolke, und sie scheint beides selbstverständlich zu finden. In den Zügen versucht man, es einzudämmen; es gibt Waggons mit dem Schild „Nichtraucher“ und wir achteten immer darauf, uns in einem solchen niederzulassen. Aber selbst dort ist es nicht immer möglich, einen Deutschen dazu zu bringen, eine Operation zu verschieben, die für ihn fast dasselbe ist wie Atmen. Auch auf unserem Weg von Frankfurt nach Halle saßen wir einem Nichtraucher-Abteil und wieder geschah es – ein gutgelaunter alter Herr, dessen fröhlicher deutscher Wortschwall sich für mich anhörte wie das Gepolter von tausend Ziegelsteinen, stimmte eine lange Erklärung an, zog eine Streichholzschachtel aus der Tasche und zündete entschlossen seine Pfeife an. Der Tabak war widerlich. Wenn ein Mann unbedingt rauchen muss, finde ich, dass er die moralische Verpflichtung hat, wenigstens anständigen Tabak zu verwenden. Mir wurde schlecht und C. attackierte den Missetäter auf Französisch. Der Mann verstand kein Wort und paffte seelenruhig und gut gelaunt weiter. Der Gedanke, dass jemand keinen Rauch mochte, war wohl das Letzte, was ihm in den Sinn gekommen wäre, selbst in einer Sprache, die er verstand. C. beauftragte den nächsten Nachbarn, der Französisch verstand, und brachte ihn dazu zu erklären, dass die Dame den Rauch nicht vertrage. Der Mann, der von einem Schornstein abstammte, nahm die Pfeife aus dem Mund und starrte abwechselnd sie und mich an. Seine Miene verriet entgeisterte Ungläubigkeit – offenbar versuchte er etwas zu realisieren, das außerhalb seiner Vorstellungskraft lag, und scheiterte bei dem Bemühen. Er steckte die Pfeife wieder in den Mund und rauchte weiter! Ein paar alte Damen boten mir liebenswürdig an, den Platz mit mir zu tauschen; anscheinend hielten sie mich für das Opfer einer einzigartigen Besonderheit. Als ich den Platz tauschte, schien dem alten Schornstein ein Licht aufzugehen – er war ein gutmütiger Zeitgenosse, sah mich eingehend an, und seine Rauchwolken wurden kleiner, bis sie zuletzt ganz verschwanden, und er rauchte nicht mehr, bis ich den Waggon sicher verlassen hatte.

Erfurt – am Samstagabend

Meine Liebe,
ich habe soeben Luthers Zelle im alten Augustinerkloster besucht. Während meine Pilgerfahrt nach Wittenberg durch den Schmutz und die Ungemütlichkeit der Gegenwart getrübt war, so war die hiesige Umgebung genau so, wie man sie sich erträumte. Es war Sonnenuntergang – ein sehr goldener und schöner – und C. und ich fuhren durch mehrere Straßen dieser alten Stadt. Ich glaube, ich bin besonders empfänglich architek-

tonische Sehenswürdigkeiten, denn diese alten Häuser mit ihren seltsamen Fenstern, merkwürdigen Schornsteinen und phantasievollen Schnitzereien begeistern mich sehr. Viele sind ihrer Schroffheit beinahe koboldhaft, aber sie gefallen mir deshalb nicht weniger.

Abbildung 49: H. Fischer: Dom zu Erfurt (um 1890)

Wir fuhren zuerst zum Dom, der gemeinsam mit einer alten verlassenen Kirche ein Sammelsurium gotischer Architektur bietet – ein Dschungel aus Türmen, Minaretten, Bögen und allem Möglichen. Es ist der malerischste Dom, den ich je gesehen habe. Er steht hoch oben auf einer Art Sockel und überragt einen Platz für Militärparaden, viele Stufen führen hinauf. Der Chor ist sehr schön. Ich kann nicht beschreiben, wie diese erhabenen Bögen mit ihren bunten Glasfenstern mein Herz berührten. Die Architektur kann und wird nie wieder etwas dergleichen hervorbringen. Sie sind die höchste Form und das edelste Symbol der Erwartung und nur ein großer Geist kann sie ersonnen haben. Dieser Chor mit seinem dunklen Glanz, sein Gestühl aus schwarzer Eiche geschnitzt, seine flammenartigen Bögen, die im Abendlicht leuchteten, waren eine Einstimmung für den Geist. Aber das Sonderbare an diesen alten Kathedralen ist, dass sie bei aller wirkungsvollen architektonischen Kunst immer auch Werke niederen Ranges beherbergen, die so abgedroschen und abstoßend sind wie das ganze System, für das sie stehen. Am liebsten hätte ich allen Tand aus dem wunderschönen Chor herausgerissen, bis auf zwei sehr gute Bilder, und nur seine edle Schlichtheit übrig gelassen. Mir fiel ein Kronleuchter aus schwarzer Eiche auf – die Fremdenführerin sagte, der stamme aus dem Kölner Dom. Es war eine perfekte gotische Schnitzerei, fein wie eine Eisblume. Der Boden des Doms ist übersät mit steinernen Grabmalen, die von den Schritten der Gläubigen glattgeschliffen wurden. Wir Lebenden schreiten ständig über die Toten hinweg, auch wenn es – anders als hier – nicht immer sichtbar ist. Wir verließen den Dom und nahmen uns einen Moment Zeit, um die Kirche nebenan zu besichtigen, die jetzt nicht mehr genutzt wird, deren herrliche drei Türme aber eine besondere Schönheit haben. Nach einer Runde auf der Plattform gingen wir nach unten und fuhren zum Augustinerkloster, das jetzt ein Waisenhaus ist. Wir durchquerten einen Hof, in dem es von kleinen Kindern wimmelte, und ein paar Stufen führten uns in eine Galerie. Eine Frau mit einem Schlüsselbund kam uns entgegen.

Wir betraten eine große Halle, deren Wände mit Holbeins Totentanz geschmückt waren. Eine Tür führte zu Luthers Zimmer, einer kleinen Zelle von zehn mal zehn Fuß, die Wände bedeckt mit Zitaten aus seinen Schriften. Wir sahen sein Tintenfass, die Taschenausgabe des Testaments, eine Kopie der Bibel, die er geschenkt bekommen hatte (von wem, habe ich nicht verstanden) – in einem prächtigen Einband und wunderschönen Initialen. Aber am meisten berührte mich die Zelle selbst – die Fenster mit Blick auf die ehemaligen Kreuzgänge des Klosters. Hier fand der Kampf statt – die tödliche Pein – die gewaltige Seele, die diesen kräftigen Körper schüttelte und niederrang. Diese Wände! Welches Ächzen, welche Gebete haben sie gehört! Kann man es sich vorstellen – eine lebende Menschengestalt, unvergänglich, fähig zu ringen und zu leiden, aber nicht zu sterben, begraben unter dem ganzen Gewicht dieser düsteren Dome, in tödlicher Pein zu ersticken, über sich den Klang von Schritten zu hören, das Dröhnen der Orgeln, das triumphierende Anschwellen des Gesangs, und sich vergeblich zu bemühen, seinen Rufen Gehör zu verschaffen – so stelle ich mir die Qualen dieser mächtigen Seele vor. Der Pomp und der Glanz dieses prächtigen Gefängnisses lasteten auf seinen Schultern und sein Kampf galt der Welt! Auf einem Stück Pergament, das hier gerahmt an der Wand hängt, steht auf Latein in Luthers Handschrift: „Der Tod wird vom Sieg verschlungen.“[85] Es gibt keine bessere Inschrift für die Wände dieser Zelle.

Heute Nachmittag habe ich einen kleinen Spaziergang gemacht, um zu sehen, wie die Deutschen den Sabbat verbringen. Es war nicht wie der beschwingte, gesellige Sonntag in Paris, auch wenn er eher Vergnügungen und dem Familienleben gewidmet war als religiösen Übungen. Als ich durch die Straßen ging, standen die Türen offen, Männer rauchten ihre Pfeife, Frauen strickten und Kinder spielten. Ein ruhender Pol war der Friedhof einer alten Kirche. Friedhöfe sind hier ganz anders als die einsamen, tristen Orte, an denen wir unsere Freude beerdigen, als wollten wir deutlich machen, dass jeder Kontakt mit ihnen beendet ist. Alle Gräber waren gepflegt und mit Blumen

85 Der Originaltext lautet: *Absumpta est Mors in victoria.*

geschmückt, die mit langen schwarzen oder weißen Bändern befestigt waren. Zwischen den Gräbern gingen Männer, Frauen und Kinder auf und ab, die Männer rauchten und unterhielten sich – nicht laut, aber in freundlichem, wenn auch ernstem Ton. Mir scheint, dass diese Art, mit den Toten umzugehen, den Schmerz über die Trennung lindert. Ich glaube, es ist allgemein üblich, am Sonntag einen Gottesdienst zu besuchen und den Rest des Tages mit Vergnügungen zu verbringen.

Abbildung 50: Eisenach mit der Wartburg um 1850

Der Morgen, an dem wir nach Eisenach aufbrachen, war neblig und regnerisch. Das war Pech, da wir aus dem öden Flachland in eine wunderschöne Gegend kamen. Der Thüringerwald mit seinen hohen, waldigen Hügeln, hier und da von Burgen und Ruinen gekrönt, schimmerte durch den Nebel und ich rief mehrmals „Da ist die Wartburg“ oder „Das muss die Wartburg sein“, lange bevor wir auch nur in der Nähe waren. Es regnete in Strömen, als wir den Bahnhof von Eisenach erreichten und eine Kutsche bestiegen, die uns zur Wartburg bringen sollte. Der Nebel, der alles in seine dichten Schwaden hüllte, ließ uns nur wenig sehen, als wir uns langsam den Burghügel hinauf schlängelten – aber genug, um die Phantasie zu beflügeln und zu zeigen, wie schön es bei gutem Wetter sein mochte.

Die Anlage ist sehr gepflegt – gewundene Pfade laden zu Spaziergängen ein. Als wir halb oben waren und der Regen nachgelassen hatte, stieg ich aus der Kutsche und stapfte den steilen Hang zu Fuß hinauf, um mehr zu sehen. Man erreicht die Burg auf einem Weg, der in den Felsen geschlagen wurde – er ist etwa dreißig oder vierzig Fuß lang. Schließlich stand ich unter einem niedrigen Torbogen aus solidem Mauerwerk, etwa zwanzig Fuß dick. Offenbar waren es einmal drei Türen unmittelbar hintereinander gewesen; die äußere war entfernt worden und die beiden inneren waren wunderbar massiv, mit Eisen beschlagen und hatten jeweils ein kleines Türchen hinter sich. Da meine Begleiter noch ein Stück hinter mir zurück waren, hatte ich Zeit, stehen zu bleiben und nachzudenken. Ich malte mir aus, wie in einer dunklen, nebligen Nacht das Hufgetrappel einer Reitergruppe den felsigen Pfad hinauf kam und sich der Pforte näherte – der Torwächter auf seinem Posten – die unverriegelten Türen, die in ihren rostigen Angeln quietschen, werden eins, zwei, drei geöffnet und die Kavalkade prescht herein. Inmitten der bewaffneten Männer mit geschlossenen Visieren befindet sich ein Mönch in einer Kutte und mit dem entschlossenen Zug um den Mund, der so typisch für Luthers Porträts ist.
Aber jetzt kam unsere Gruppe und das Traumbild zerstob. Da keiner von uns ein Wort Deutsch konnte, standen wir recht unentschlossen da und sahen die Gebäude an, die den Hof in allen Formen und Variationen umgaben. Ich ging in ein Zimmer – es war eine Speisekammer – in ein anderes – es war eine Waschkü-

che – in ein drittes – es war ein Wohnzimmer, geschmückt mit Geweihen und grimmigen alten Porträts von Prinzen, Kurfürsten, und von Deutschen besetzt, die rauchten und Bier tranken. Ich bin sicher, dass das auch schon zu Luthers Zeiten so war. Wenn sie Deutsche waren, tranken sie natürlich Bier aus hohen, schmalen Gläsern, das ist eine Tatsache, so unverrückbar wie die alten Mauern der Festung.

„H.", sagte C., „haben die Deutschen zu Luthers Zeiten schon geraucht?"

„Nein. Warum?"

„Oh, nichts. Nur – womit haben sie sich dann die Zeit vertrieben?"

„Ich weiß nicht – vielleicht haben sie noch mehr Bier getrunken."

„Aber was haben sie mit ihrem Schornstein anfangen?"

So plapperte der freche Kerl eine Weile weiter und attackierte den einen oder anderen auf Französisch. Die Wirkung war etwa so, als würde man versuchen, die Mauern durch den Beschuss mit Disteln zum Einsturz zu bringen; alle rauchten und tranken ungerührt weiter.

Aber als noch mehrere andere Besucher eintrafen und klar wurde, dass wir gekommen waren, um die Burg zu sehen, fischte man einen Mann aus unbekannten Tiefen hervor, und er erschien mit einem vielversprechenden Schlüsselbund. Er machte sich auf den Weg zu dem Teil der Burg, der gerade renoviert wurde.

Wir ließen Ziegelsteine, Mörtel und Baugerüste etc. hinter uns und betraten die Waffenkammer mit ihren alten Rittern und Rössern in voller Rüstung – das heißt, die Rüstungen waren da, und ohne in die Spalten zu schauen, konnte man kaum sicher sein, dass die Besitzer nicht in ihren eisernen Behausungen steckten.

Abbildung 51: Rüstkammer der Wartburg, nach dem 2. Weltkrieg von russischen Soldaten geplündert

Dort saß der Kurfürst von Sachsen in voller Rüstung auf seinem Pferd, das ebenfalls von Stahl umschlossen war. Da war die Rüstung, in der der „Connétable von Bourbon“ vor den Mauern von Rom gefallen war[86], und andere Harnische gefeierter Helden, einige mit schönen Gravuren verziert und andere vergoldet. Eine Menge Banner hingen buchstäblich in Fetzen herunter – das Alter lässt sie zerfallen. Hier war das Mittelalter noch leben-

86 Charles III., Herzog von Bourbon-Montpensier (1490 – 1527), genannt der „Connétable von Bourbon“.

dig. Dann betraten wir eine große Halle, die mit viel Geschmack nach dem Stil jener Zeit restauriert worden war – einen langen, prächtigen Raum mit gewölbtem Dach, einer Galerie auf beiden Seiten und im Hintergrund einer Reihe romanischer Fenster, von denen aus man die Umgebung sehen konnte. Nach unserem Rundgang durch diesen Teil gingen wir zurück, stiegen eine alte, primitive Treppe hinauf und wurden in Luthers Patmos geführt, etwa zehn mal zehn oder zwölf mal zwölf Fuß groß. Durch das Fenster hatte man Aussicht auf den felsigen Abhang, eingehüllt in ein Meer aus Nebelschwaden. Ich öffnete es, sah aber nichts von all den Szenen, die er von hier aus so detailliert schilderte. Ich dachte an seinen scherzhaften Brief über „der Krähen und Dohlen Reichstag", aber es war keine Krähe in der Nähe, um der Vorstellung Leben einzuhauchen. Sein Bett war da, sein Fußschemel, der Rückenwirbel eines Mammuts, und sein Schreibtisch. Ein gemeißelter Stuhl mit einer Rückenlehne, die geformt ist wie der Kopf eines Cherubims, der sich vorbeugt und seine Flügel über dem Kopf des Sitzenden ausbreitet, soll aus Luthers Zeit stammen, war aber nicht sein Stuhl. Einige seiner Bücher waren zu sehen und eine grober eisenbeschlagener Kleiderschrank. So endete meine lutherische Pilgerreise.

Ich habe nun alle Schreine unter die Lupe genommen und mich oft gefragt, ob solche Besuche für unsere Vorstellungen hilfreich sind. Ich beantwortete die Frage mit Ja – sie sind es, wenn wir aus dem Staub der Gegenwart die Vergangenheit auferstehen lassen und die Menschen vor uns sehen, wie sie einst lebten. Mir ist, als hätte ich Luther, Cranach, Melanchthon und den ganzen Rest persönlich getroffen – und mit ihnen gesprochen. Übrigens habe ich vergessen, die Porträts von Luthers Eltern[87] zu erwähnen, die in seiner Zelle hängen. Man sieht, dass

87 Luthers Eltern waren Hans (1459 – 1530) und Margarethe Luther, geb. Lindemann (1459–1531).

seine *Mutter* keine alltägliche Frau war. Sie erinnert mich an die Mutter von Samuel J. Mills[88] – eine starke, scharfsinnige, intelligente Frau aus Neu-England. Ich muss auch an einen kleinen Funken Wirkung denken – einen leichten, unbestimmten Hauch von Gefühl –, der mich in Luthers Zelle in Erfurt überkam. Wie ich Dir erzählt habe, schien die goldene Abendsonne und kleine Vögel flogen zwitschernd um die Fensterflügel. Ich dachte daran, wie er dort gesessen haben mag – an einem goldenen Abend, traurig und verträumt. Er lauschte dem Trällern der Vögel und fragte sich, warum nur er unter allen Geschöpfen so traurig sein musste. Ich habe keinen Zweifel, dass er genau das an genau dieser Stelle getan hat.

Abbildung 52: Lucas Cranach d.Ä.: Luthers Eltern

88 Samuel John Mills Jr. (1783 – 1818), amerikanischer Missionar. Seine Mutter hieß Esther Robbins.

Montag

In Eisenach, wo wir im Bahnhofsgebäude in aller Ruhe Mittag gegessen hatten, stiegen wir in den Zug nach Kassel. Wir hatten es uns in einem Nichtraucher-Abteil bequem gemacht, als ein Herr, gefolgt von einem Freund, mit einer Zigarre im Mund eintrat. Er fragte die Damen, ob er rauchen dürfe. Wir verstanden seinen Blick und seine Geste und sagten: „Nein." Aber da wir sehr leise sprachen, verstand er uns falsch und trat ein. Er sah an unseren Mienen, dass etwas nicht stimmte, und wiederholte die Frage eindringlicher auf Deutsch: „Kann ich rauchen? Ja oder nein?" „Nein", antworteten wir alle im Chor. Er lief rot an und zog sich verwirrt zurück. Wir sahen, wie er im Zug auf und ab eilte und nach einem Platz suchte, gefolgt von seinem *fidus Achates.* Zuletzt nahm ein Schaffner ihn ins Schlepptau und brachte ihn nach einer Weile des Navigierens zu unserer Tür, aber der Herr wich zurück, sagte etwas auf Deutsch und ging weiter. Wieder machten sie eine Runde durch den ganzen Zug und erschienen – mit grimmiger Entschlossenheit – erneut vor unserer Tür. Der Schaffner öffnete sie sehr energisch und befahl dem Herrn, einzutreten. Er trat ein – mit der Zigarre. Sein Freund folgte ihm.

„Nun", sagte H. auf Englisch, „ich glaube, er muss rauchen oder sterben."

„Ach ja", erwiderte ich, „um sein Leben zu retten, lassen wir ihn rauchen."

„Hoffentlich ist der Tabak gut“, fügte H. hinzu und wir lasen weiter unsere *Villette*[89], die gerade sehr amüsant war.

Der Herr hatte sein Streichholz schon angezündet und war soeben im Begriff, seine Pfeife in den Mund zu stecken, als H. den Mund aufmachte. Ich glaube, ich sah einen seltsamen Ausdruck auf dem Gesicht seines Freundes. Er sagte ganz beiläufig ein oder zwei Worte auf Deutsch, und ich merkte bald, dass das Rauchen nur geringfügige Fortschritte machte. Er behielt die Zigarre zwar noch eine Weile im Mund, nur um zu zeigen, dass er rauchen würde, wenn er wollte, aber seine Rauchwolken wurden mit jeder Minute weniger und kleiner. Nach ein paar Kapiteln warf ich einen Blick auf ihn und da war die Zigarre verschwunden. Wenig später sprach der Freund, der mir gegenüber saß, W. in gutem Englisch an, und bald waren sie in eine freundliche Unterhaltung über unsere Route vertieft. Das geflügelte Wort hatte diesmal sein Ziel erreicht.

Wir verbrachten in einem schönen Hotel, *Roi de Prusse,* in Kassel. Übrigens wurde uns bewusst, dass die Hessen in den alten revolutionären Zeiten von hier kamen.

Dienstag

Eine lange, langweilige Fahrt von Kassel nach Düsseldorf.

89 *Villette,* 1853 erschienener Roman von Charlotte Brontë.

Mittwoch

Abbildung 53: Wittredge: Landschaft in Westfalen, 1853

Whittridge kam zum Frühstück. Die gleiche milde, freundliche, gutgelaunte Stimme und liebenswerte Seele, die ich vor Jahren im Herzen von Indiana geliebt hatte. Wir amüsierten uns kurz mit Erinnerungen an alte Zeiten, Kunst, Künstler und Freunde, und die Flut der Zeit kam und schwemmte uns hinweg. Möge seinem Pinsel in Deutschlands verzauberten Weiten Erfolg beschieden sein! Amerika wird noch einmal stolz auf seine Landschaften sein – so wie Italien auf Claude und England auf Turner.

Nachwort

Als Harriet Beecher-Stowe 1853 Europa bereiste, war sie bereits eine Berühmtheit. "Uncle Tom's Cabin" (1852) war in mehreren Sprachen erschienen und zum Bestseller geworden. Sie war 42 Jahre alt und nicht allein unterwegs; mehrere Verwandte begleiteten sie auf der Reise durch England, Schottland, Deutschland, die Schweiz, Frankreich und Belgien. Ihre Begleiter wechselten im Laufe der Monate, ihren Mann Calvin Ellis Stowe zog es schon im Mai zurück in die Heimat, sie selbst hielt trotz Heimwehs und gesundheitlicher Probleme durch und brachte ihre Eindrücke in Briefen zu Papier; ihr Bruder Charles Beecher verarbeitete seine Erfahrungen in einem Tagebuch.

"Sunny Memories of Foreign Lands" erschien 1854 in zwei Bänden.

In England und Schottland fühlte Harriet Beecher-Stowe sich heimisch, in der Schweiz begeisterte sie die Landschaft, in Frankreich und Belgien bewunderte sie die Kunst. Gemeinsam ist allen Berichten die tiefe Religiosität Beecher-Stowes, die immer wieder durchscheint.

In der Zeit der Romantik war Deutschland ein populäres Reiseziel geworden, auf einer Bildungsreise durch Europa durfte es nicht fehlen; auch Beecher-Stowes Zeitgenossin und Brieffreundin George Eliot war fast gleichzeitig in Deutschland, ebenso wie die berühmte Mary Shelley in den 1840er Jahren. Reisende besuchten vor allem Berlin, Dresden und Heidelberg (Norddeutschland stand dagegen nur selten auf dem Programm) und befuhren natürlich den Rhein, um die sprichwörtliche "Rheinromantik" zu erleben.

Harriet Beecher-Stowe widmet Deutschland nur einen kurzen Abschnitt ihrer Schilderungen. Das Land blieb ihr fremd, fehlende Deutschkenntnisse führten zu Mißverständnissen; dennoch zeigt sie sich aufgeschlossen - obwohl selbst Calvinistin, interessierte sie sich sehr für Luther und sein Leben. Auch das Alltagsleben beobachtete sie aufmerksam - die Vorliebe der Deutschen für das Rauchen fiel auch anderen Reisenden auf; die Irin Maria Frances Dickson bezeichnet in ihrem Reisebericht "Souvenirs of a Summer in Germany" (1836) die Pfeife sogar als besten Freund der Einheimischen. Auch der Humor kommt in Beecher-Stowes Schilderungen nicht zu kurz - ihr kleiner Neffe George erweist sich im Laufe der Reise als Patriot und verteidigt die Gebräuche seiner Heimat.

Harriet Beecher-Stowes Deutschland-Erinnerungen sind (nach "Uncle Tom's Cabin" und "The Mayflower") erst das dritte Werk, das in deutscher Übersetzung erscheint. Die Autorin ist ein typisches "Ein-Hit-Wunder", jedoch zu Unrecht - ihr großes Gesamtwerk besteht aus Romanen, Kurzgeschichten, Gedichten und Sachbüchern; sie nahm regen Anteil am gesellschaftlichen und politischen Leben ihrer Zeit. Eine weitere Beschäftigung mit Harriet Beecher-Stowe lohnt sich!

Nadine Erler

Abbildungsverzeichnis

Cover: siehe Abbildung 1. [leicht bearbeitet].

Rück-Cover: Harriet Beecher-Stowe. Aus: Spamers Illustrirtes Konservations-Lexikon. Zweite, gänzlich umgearbeitete Auflage. Verlag und Druck von Otto Spamer, 1893, [im weiteren als: Spamer] . Band B, Spalte 527, Nr. 1559

Abbildung 1: Harriet Beecher-Stowe. Portrait of Harriet Beecher Stowe. Etwa 1855. The Author's Portrait: Introduction by Curator Julie Mellby, National Portrait Gallery. London. Von Francis Holl (1815–1884) nach George Richmond (28.3.1809 – 19.3.1896).

Abbildung 2: Rheinbrücke bei Basel. Spamer. Band B, Spalte 325/326, Nr. 1448.

Abbildung 3. Hans Holbein: Totentanz.

Abbildung 4: Ansicht von Heidelberg. Aus: Spamer, Band H, Spalte 1295/1296, Nr. 3886.

Abbildung 5: Gerrit Berckheyde: Heidelberger Schloß, 1670.

Abbildung 6: Ariadne auf dem Panther - Rückseite. Aus: Johann Heinrich Dannecker. Das Leben, das Werk, der Mensch. München: F. Bruckmann 1958.

Abbildung 7: Hotel de Russie zu Frankfurt auf einer Postkarte. [Ausschnitt].

Abbildung 8: Goethes Geburtshaus auf einer Postkarte zu Beginn des 20. Jahrhunderts. Cramer's Kunstanstalt, Dortmund. Original-Kupferdruck u. Kupfer-Radierung.

Abbildung 9: Goethe-Statue von Pompeo Marchesi in der Frankfurter Stadtbibliotek zu Frankfurt a. M. Lithographie nach Göbel bei Th. Kammerer, um 1840.

Abbildung 10: Autograf von Goethe, Weimar 21.4.1818, unter den Zeilen: „Denn das irdische Gefilde / Schaltet oft nach eignem Sinn.“ Aus: Johann Wolfgang von Goethe: Berliner Ausgabe. Poetische Werke [Band 1–16], Band 1, Berlin 1960 ff, S. 748.

Abbildung 11: Carl Friedrich Lessing: Jan Hus zu Konstanz, 1842, Ausschnitt, Städel Museum, Frankfurt am Main.

Abbildung 12: Diebold Schilling d. Ä.: Feuertod des Jan Hus in Konstanz. Illustration aus: Spiezer Chronik (1485): Burgerbibliothek Bern.

Abbildung 13: Ansicht von Bingen. Spamer. Band B, Spalte 838, Nr. 1754.

Abbildung 14: Der Dom zu Köln, Spamer, Band J - L, Tafel nach Spalte 772.

Abbildung 15: Jungfrauen auf dem linken Altarflügel des Kölner Doms.

Abbildung 16: Ausschnitt eines Glasfensters aus dem Kölner Dom.

Abbildung 17: Stadtansicht von Düsseldorf auf einer Postkarte von 1912. (Ausschnitt)

Abbildung 18: Magdeburg vom Werder aus gesehen. (Ausschnitt), Spamer, Band M - P, Spalte 39/40, Nr. 4731.

Abbildung 19: Th. Bohmann: Christian Bernhard Tauchnitz, Stahlstich. Stadtgeschichtliches Museum, Leipzig.

Abbildung 20: Hotel de Saxe Dresden, Werbeanzeige, 1893.

Abbildung 21: Ansicht von Dresden mit Hofkirche und Schlossplatz. Stahlstich. Etwa 1850.

Abbildung 22: Antonio da Correggio: Jupiter und Io. Kunsthistorisches Museum Wien.

Abbildung 23: Gottfried Schadow: Luise und Friederika. (Prinzessinnengruppe). Alte Nationalgalerie, Berlin.

Abbildung 24: Raffael: Sixtinische Madonna. Gemäldegalerie Alte Meister, Dresden.

Abbildung 25: Murillo, La Sainte Famille, dite la Vierge de Séville. Louvre, Paris.

Abbildung 26: Antonio da Correggio, Die Heilige Nacht. Staatliche Kunstsammlungen Dreden.

Abbildung 27: Die büßende Magdalena nach Battoni, Kopie auf KPM-Prozellan in Schwarzweiß. Das Original wurde bei der Bomabardierung Dresdens vernichtet. Lithophanie der Königlichen Porzellanmanufaktur Berlin, Modell KPM 17, im Preis-Courant bezeichnet „Maria Magdalena, nach Battoni", In: Carney, Lithophanes, 64, Seite 84.

Abbildung 28: Peter Paul Rubens: Eine Wildschweinjagd, Gemäldegalerie Alter Meister, Dresden.

Abbildung 29: Denner, Alte Frau mit goldgelbem Kopftuch, Galerie Alter Meister, Dresden.

Abbildung 30: Veronese: Die Madonna der Familie Cuccina, Galerie Alter Meister, Dresden.

Abbildung 31: Raffael: Madonna Alba, Szene: Maria mit Christuskind und Johannes dem Täufer, Tondo. National Gallery of Art, Washington.

Abbildung 32: Ari Scheffer: Francesca und Paolo. (Ausschnitt), Wallace Collection, London.

Abbildung 33: Ari Scheffer: Chrisus Consolator, In nierderländischem Privatbesitz.

Abbildung 34: Brandenburger Tor als Abschluß der Straße Unter den Linden. Quelle: Das Buch der Erfindungen, Gewerbe und Industrien, Achte neugestaltete Auflage. Pracht-Ausgabe. Erster Band, Verlag und Druck von Otto Spamer, Leipzig und Berlin 1889, Tafel XLVIII: Brandenburger Thor in Berlin".

Abbildung 35: Franz Krüger: Friedrich Wilhelm IV. von Preußen. Im Privatbesitz.

Abbildung 36: Berliner Stadtschloß um 1900 mit Kaiser-Wilhelm-Denkmal im Vordergrund. Quelle: Album von Berlin; Globus Verlag, Berlin 1904.

Abbildung 37: Sarkophag für Friedrich Wilhelm III. von Rauch.

Abbildung 38: Franz Xaver Winterhalter: Kaiserin Eugenie. The Metropolitan Museum of Art, New York.

Abbildung 39: Friedrich Drake: Friedrich Wilhelm III. Standbild im Berliner Tiergarten. (Auf einer zeitgenössischen Postkarte). (Ausschnitt).

Abbildung 40: Ditmar Degen: Schloss Monbijou (1739/40), Hohenzollernschloß in Berlin, im 2. Weltkrieg zerstört und danach abgerissen. Bild im Eigentum des Hauses Hohenzollern, SKH Georg Friedrich Prinz von Preußen.

Abbildung 41: Altes Museum Berlin. Stahlstich aus: Bibliographisches Institut (Prachtausgabe), Hildburghausen 1863.

Abbildung 42: Lukas Cranach d. Ä.: Luther auf dem Totenbett. Etwa 1600. Staatliche Kunsthalle Karlsruhe. (Ausschnitt).

Abbildung 43: Katharinen-Portal am Lutherhaus in Wittenberg.

Abbildung 44: Lucas Cranach d. Ä.: Katharina von Bora. Wartburg-Stiftung, Eisenach.

Abbildung 45: Das Lutherhaus zu Wittenberg. Spamer, Achter Band, Spalte 1102, Nr. 6407.

Abbildung 46: Stadtkirche zu Wittenberg auf einer zeitgenössischen Postkarte (Ausschnitt und leicht bearbeitet).

Abbildung 47: Lucas Cranach d. Ä.: Altar in der Stadtkirche zu Wittenberg.

Abbildung 48: Lucas Cranach d. J.: Abendmahl der Reformatoren. Johanniskirche Dessau.

Abbildung 49: H. Fischer: Dom zu Erfurt, Aquarell. (etwa 1890).

Abbildung 50: Eisenach, Marktplatz von Nordosten, im Hintergrund die Wartburg. Nach einer Zeichnung von Ludwig Rohbock, gestochen von G. Heisinger. Wartburg-Stiftung, Eisenach.

Abbildung 51: Rüstkammer der Wartburg. Aus: Alfons Diener-Schönberg: Die Waffen der Wartburg. Historischer Verlag Baumgärtel, Berlin 1912. Foto: Hans Lucas von Cranach. (Frontispiz).

Abbildung 52: Lucas Cranach d. Ä.: Hans und Margaretha Luther (Martin Luthers Eltern). 1527. Wartburg-Stiftung, Eisenach.

Abbildung 53: Thomas Worthington Wittredge: Landschaft in Wetfalen, 1853. Cincinnati Art Museum, Cincinnati.